聽見芬蘭

音樂・教育・設計・生活的交換旅程

陳瀅仙 著

目錄

4 推薦序 環繞在芬蘭的音樂裡 陳之華
7 推薦序 這本書喚起了我的芬蘭記憶 張正傑
11 推薦序 最能讓人親近芬蘭的書 楊忠衡
13 來自各方的美好推薦 吳祥輝、涂翠珊、陳聖元
14 自序 帶著南管琵琶到芬蘭

20 送妳一把櫻桃
26 捧在手心的資產：卡勒瓦拉
32 白教堂與花櫥窗
40 不微笑文化
44 狗狗你好嗎？
52 占領赫爾辛基
58 沒吃糖，不芬蘭
64 彩色樹
72 寧靜選舉和甜甜圈閱讀
78 人人都是設計師
84 五一狂歡節
90 那一年，這一寢
96 志工小日子

106 選課，為我量身訂作
112 二十年打造的音樂中心
120 愛好音樂，人人平等
126 沒有譜的演奏
132 我不是妳的老師
138 古樂器，新生命
144 即興這件事
150 學習是：信任與學生至上
156 當南管遇到英文課

164 民謠手的蘆葦笛
172 到波羅的海找唱歌石1：出發
178 到波羅的海找唱歌石2：森林裡的唱歌石
184 到波羅的海找唱歌石3：古老的島
190 做一把自己的樂器
198 音樂木屋大師班
206 極光小鎮的岡德雷琴博物館
212 藏在酒館裡的音樂會
218 小國大音樂：搖滾VS民謠

226 附錄 芬蘭與台灣音樂教育的差別

推薦序

環繞在芬蘭的音樂裡

陳之華

離開居住了六年的北歐，到如今已四年多了，但每一次只要聽到西貝流士（Jean Sibelius）的音樂，總會勾起我對芬蘭的深刻記憶與情感。

我住的地方是首都赫爾辛基的 Töölö 區，距離西貝流士音樂學院（The Sibelius Academy）校區不遠，而家裡兩個女兒也在赫爾辛基音樂學院（The Helsinki Conservatory of Music）上了整整六年的課。我們不僅被音樂學習與北歐建築的氛圍所環繞，更不時在各類演奏會上聽見芬蘭作曲家的音樂。

那六年的北歐生活，一回想起來就想要聆聽一些熟悉的樂曲，我知道自己聆賞的不僅是音樂，也是一幅又一幅動人心弦的北歐景致。

芬蘭雖然在二十一世紀以「教育」聞名於世，而近年來，北歐及芬蘭設計也在台灣掀起一股風潮；但芬蘭的音樂，其實卻比教育與設計更早享譽於國際，也是芬蘭人一直引以為傲的文化精髓。

芬蘭人口不多，五百三十多萬，卻是音樂家人口密度極高的國家，而整體社會對音樂的重視與扎根之深，不僅有著蓬勃又普遍的藝文活動，芬蘭全國的交響樂團以及音樂節慶的數量之多，更讓人讚歎！

芬蘭世世代代對於音樂的重視，來自於音樂教育的普及，以及在各地所長期培養的音樂種子。沒有經年累月的灌溉、培育，就不會有遍地開花的音樂素養與喜好，以及能引起共鳴與支持的音樂產業與創作風氣。

我曾經在芬蘭西部一座小鎮聆聽夏季音樂會，十分驚歎中型教堂裡座無虛席，而聽眾大多是當地居民；也曾在中部一處人口數極少的小鎮，聆聽芬蘭大提琴家的演出，聽眾同樣也絕大多數是當地居民。

這些小鎮所自然激發出的音樂火花，呈現了芬蘭已然做到了音樂平民化與生活化，更讓人感受到音樂為一個城鎮所帶來的人文觸感，絕非只是普羅大眾想要附庸風雅罷了，而是能真正結合生活、環境、人文、社會的一種情感聯繫。

瀅仙藉著她的芬蘭交換學生經驗，帶我再次回到了芬蘭，一起做了一場音樂學習旅程。書裡有她的學習歷程、精采的樂器製作、與自然為伍的即興演出，也有許許多多芬蘭人對音樂的概念述說，以及對於音樂學習的反思，讓我們看到了不一樣的音樂啟蒙與教育理念。

我一直認為，芬蘭音樂與音樂教育最動人的地方，除了音樂創作與多元音樂形式之外，芬蘭在各地設立音樂圖書館，重視向下扎根，以及在培養音樂人的過程中，著重平實、平凡，並且落實平民化與平等的價值，都讓我驚歎芬蘭已經讓音樂能夠回歸到人的本質。

我一邊閱讀著瀅仙的書稿，一邊聽起了西貝流士的小提琴浪漫曲 op.78 No.2，回憶著芬蘭一群可愛的小學生用岡德雷琴集體彈奏芬蘭知名搖滾樂團 Lordi 的名曲《Hard Rock Halleluja》（搖滾哈雷路亞）的趣味盎然，更再度讓我想起芬蘭的雪白大地與藍天、綠林。

瀅仙這趟豐碩的音樂旅程，以及深自體會芬蘭自然環境所圍繞的生活，為她與讀者們所帶來的音樂洗禮，真是一場心靈的饗宴。

推薦人簡介

陳之華，自由作家、專欄作者，近年來專職於書寫與演講分享。曾居住北歐芬蘭六年，行旅足跡遍歷四十餘國，目前旅居澳洲坎培拉。著有《一起看見不同的世界：芬蘭、台灣、澳洲，陳之華與女兒的學習之旅》、《美力芬蘭，從教育建立美感大國》、《沒有資優班，珍視每個孩子的芬蘭教育》等暢銷好書。

推薦序

這本書喚起了我的芬蘭記憶

張正傑

當遠流出版公司邀請我為《聽．見芬蘭》寫序時，我感到十分高興。閱讀書中內容，喚起了一九八四到一九八六年間，我在芬蘭進修的點滴記憶，那是我生命中色彩很不一樣的兩年。

我的芬蘭音樂老師

若說，今日大家眼中的芬蘭是科技、設計與教育的標竿國家，那麼當時我所見到的芬蘭，可說是這些成就的醞釀期。我到芬蘭，純粹是為了向大提琴家 Arto Noras 教授學琴，他是緊接著西貝流士之後的芬蘭古典音樂奇蹟。Arto Noras 一年只收六個學生，成為他的學生必須經過考試，我特地從維也納飛到巴黎拜訪他，一見面，他就指定我拉一些樂曲，整整一個小時，像是畢業考般。芬蘭人的講究、精確與有條不紊，在他身上一一現形。

芬蘭人追求完美、頂尖，連古典音樂竄出的人才，給我的感受也是完美的，而背後的學習方式卻是非常嚴肅的。當年我是領取奧地利教育部的交換獎學金，也算是知名的演奏家，但面對 Arto Noras 的前幾堂課，他不假辭色地一一糾正我的缺點，有時只上了五分鐘就結束，要我修正好，兩天後再來上課。他採取「狠」的教學方式，逼得我重新歸零學習。北歐人是冷酷的，卻是精準的。經過他的嚴格「試煉」，我的確精進不少。

我眼中的芬蘭人

初抵芬蘭的第一印象，是高昂的物價。猶記得第一天去超市，逛了半天，最後只買了兩顆番茄出來，連可樂也不敢買，因為是奧地利的五倍價格。之後，每天早上第一件事就是看報紙頭版，不是關注當地新聞，而是上面有超市的「今日特價」廣告。

芬蘭人的冷漠、害羞，於我也有深刻有趣的體會。當年我們一間宿舍住了八個人，四個芬蘭室友是學校特意安插的，為的是讓外國學生更融入當地生活。某天，我那位熱情的義大利室友主動請客，邀請芬蘭同學共進晚餐，只見他們帶著各自的刀叉碗盤和酒出現，靜靜地享用屬於自己的一份。我們倆極盡努力地想把氣氛炒熱，他們始終只是默默地看著我們「表演」。

與芬蘭人做朋友，需要時間的醞釀。一旦他認定你是朋友，便會設身處地把你當自己人、替你著想。我學成離開那天，竟然有二十幾個芬蘭朋友來碼頭送行。他們把珍惜藏在心裡，而我從他們身上，也感受到了這份真摯情誼。

我遇過最冷的低溫也是在芬蘭，到達零下三十八度。但是，比低溫更可怕的是「灰暗的永夜」，我想，這或許是芬蘭人嗜酒的主因吧。芬蘭人什麼都不怕，就怕沒酒喝！誰罷工都不怕，就怕 Alko（賣酒專門店）不開門！可見「酒」對芬蘭人的生活影響之大。

有次我參加一場 party，正逢 Alko 罷工，無酒怎成宴？他們想盡辦法找酒，其中有醫學院學生，竟拿來一瓶瓶九八%的食用酒精，就配著可樂「當酒喝」。當下，我看到每個人的眼睛都閃閃發亮，我也跟著喝了一口，還真的滿好喝的。這種奇事，大概也只有在芬蘭才會發生。

一場音樂比賽、一件瓷器，發現芬蘭人的自信

那年芬蘭有一場「西貝流士小提琴比賽」，每五年舉辦一次。活動這天，全民都放假。這場賽事雖然重要，但不算是國際間的大賽，可是從政府到民間，幾乎每個人都在討論這件事，預測誰是冠軍……。這樣的「全民關注」，讓我頗為震撼，芬蘭人是多麼珍惜自己曾經有過一個西貝流士啊！

音樂如此，品牌如此。北歐國家的設計「簡單」「直接」，一點都不炫耀。在離開芬蘭前，我把身邊剩餘的錢全拿來買了芬蘭的百年品牌 Arabia 的瓷器碗盤，直到今天還用在我家的餐桌上。在芬蘭的家庭裡，他們覺得：「擁有一個 Arabia，我感到好榮幸！」芬蘭人不追逐世界名牌，而是自信於自己國家的品牌。這種對自身文化的肯定與認同，很值得台灣人學習。

在芬蘭的這兩年，帶給我最大的啟發是——認識到與我們全然不同的思想格局。我很羨慕芬蘭人在教育上的努力，是讓每一個人成為獨立的自己，有獨立的想法，獨立的人格。在台灣，從小學一年級起就有一～一〇〇分的評斷，這對一個六歲孩童來說，是多麼令人挫折的事呀！芬蘭人尊重人性，尊重每一個個體的發展，就如同我所認為的「幸福指數」，不應是「享受指數」，而是「心靈指數」。

在台灣，大家寧可花昂貴的錢去品嚐魚翅、鮑魚，卻不重視在地當令的食材如竹筍？台灣人喜用「價格」來衡量價值，而不是去在意創造者的「思想」。芬蘭人用 Arabia 那樣好的

瓷器來裝盛一片麵包、塗上奶油，滿足地享受一餐；而台灣人卻可能用塑膠碗裝魚翅，在一個喧嘩糟糕的環境裡用餐。最近我聽聞一則報導，台灣的幸福指數高過日韓兩國，很多人卻認為這是「失真」的幸福，不是真正的幸福。我想，這就是生活品質上的差異吧。

芬蘭人面對自己的民族音樂，就像珍視 Arabia 瓷器一樣，是讓他們感到驕傲的。他們肯定自己，所以在意自己的文化傳統，更願意去了解它。

很高興有這麼一本不純粹談芬蘭教育的書，而是一個年輕的學習者，從「音樂」角度來看這個國家的生活與人。我從作者的眼睛看到芬蘭的清朗與樂趣，也重回我年輕時的芬蘭經驗。這是一段屬於青春的音樂之旅，期待讀者跟著一起體會。

推薦人簡介

張正傑，台灣知名大提琴家，天馬行空的點子王，總有無限的創意和豐沛的動力，擅長以各種形式將古典音樂推廣給社會大眾，亦致力推動親子音樂會。現為「弦外之音室內樂集」藝術總監、國立台灣海洋大學教授及藝文中心主任、東吳大學教授。

推薦序

最能讓人親近芬蘭的書

楊忠衡

芬蘭人在我心目中的形象，是聰明、友善而害羞的大熊。

我沒有去過芬蘭，但家人有長期聯絡的芬蘭朋友，是以有此印象。幾年後，另一頭大熊出現，幾乎同樣的特質，讓我的一位女同事墮入情網，終於遠嫁他鄉。空蕩蕩的座位，默默展示芬蘭人魅力的強大。

大多數人接觸芬蘭，可能是透過曾經無所不在的Nokia手機。這些精巧的電子產品，如同無言的文化使臣，讓我們知道芬蘭這地方既有人性又有科技，古老房舍裡頭，設備卻是世界先進。就算手機風光不再，人們還是日夜享用著芬蘭的資源，上網獵奇或搜尋影片，也許就是透過芬蘭廠房裡的雲端伺服器。

再早一點，無數的人心曾被西貝流士的音樂所打動。他的《芬蘭頌》是民族主義管弦樂的典範作品，美到讓人渾身冒疙瘩的小提琴協奏曲，神遊北國風土的七大交響曲，直探人心幽微的《黃泉天鵝》……這些都是舉世愛樂者的欣賞必修課。

芬蘭是個沉默而略顯憂鬱的小國，然而他們卻靜靜出手，表現出他們篤定的優越。對於海角天邊的我們來說，確實非常不容易理解。然而瀅仙這本書，恐怕是我所讀過，最能讓人親近芬蘭的書。倒不是因為她是大音樂學者或旅遊專家，在文章裡有權威深奧的文化論述；相反的，她就是一個純樸可愛，帶著心愛琵琶踏上陌生國度的鄰家小女孩。

她對所見所聞，有著和我們一樣的好奇和熱情。一樣的追逐新鮮，有時一樣的大驚小怪。就像旅途歸來，和你約在咖啡廳見面，恨不得把全般見聞一股腦全倒給你的要好麻吉。北國、歷史文化、民族音樂……這些你可能平時不會想到特意去接觸的領域，全都化為話匣子裡的家常，恨不得配上紅茶甜點，一口氣全吃進肚裡面。

就是這麼輕鬆自然的，瞭解了芬蘭的顏色、溫度與氣味，人們的個性、樸實與優越。藉由這本不是遊記的遊記、不是論文的論文，曾經對芬蘭錯綜複雜的疑惑，突然豁然開朗，全都宛如身歷其境的親切。

知道那些關於科技、藝術傳奇的起源，也從感情深處，徹底明瞭那些看似冷漠的北國大熊，為何如此聰明、友善而害羞，從此不再海角天邊。

推薦人簡介

樂評人、唱片製作人、編劇、音樂劇藝術總監，曾獲金曲獎第十屆最佳製作人獎、入圍第二十一屆最佳作詞人獎。曾任中國時報記者、《音樂時代》雜誌總編輯，現任「音樂時代劇場」藝術總監、廣達電腦集團「廣藝基金會」執行長。代表作有音樂劇《四月望雨》、《隔壁親家》、《渭水春風》。

來自各方的美好推薦

音樂是最美麗的國際語言，更是溫柔的溝通精靈。只是，當我們被教導牢記貝多芬，莫札特，蕭邦等大音樂家時，音樂的本質或許正被遺忘或誤導。想像一位台灣年輕女子，拿著嗩吶在台北或鄉下走，或許會激發人們的同情心，想起孤女的願望，懷疑她是不是剛從喪葬樂隊下工。場景如果換成在北歐芬蘭，卻可能是一種充滿好奇和興味的國際移動。《聽．見芬蘭》不是描述追求音樂的專業成就，瀅仙這位台灣女子把音樂的本質，回歸屬於您和我。

——**吳祥輝**（作家）

瀅仙用溫柔感性的心，從踏上這段旅程起，就一路認真地體會所有曾經相遇的人事物，以及芬蘭帶給她的一波波衝擊。她真誠地記錄下這段學習的旅程，跟著她的文字一路隨行，讓人得以深入難得的芬蘭音樂教育現場，探訪芬蘭民謠音樂的瑰寶，和教育理念的本質。

——**涂翠珊**（《北歐四季透明筆記》作者）

芬蘭是當你了解她以後，沒有理由不愛上的一個地方。為什麼芬蘭的教育、科技、設計、音樂在世界被看見？理由很簡單——「以人為本」。正因為這樣的核心理念，和「生活」結合是他們不變的成功法則。瀅仙在音樂教育的第一現場，以細膩的觀察與反思，道出芬蘭人如何用他們「以人為本」的理念，衝擊在學習音樂上的認知。你會更了解芬蘭的魅力，也會開始了解音樂教育的本質。

——**陳聖元**（《芬蘭的青年力》作者）

自序

帶著南管琵琶到芬蘭

二〇一一年，教育部的獎學金讓我飛往芬蘭，展開將近一年的民謠音樂探訪之旅。這趟旅程最後給我的回饋，超越了預期的想像，特別是從文化的碰撞中不斷釐清自己，包括台灣的音樂學習生態，以及我來自的文化。

音樂少女的真實生活

從小到大，只要親戚長輩知道我念音樂班，他們總希望我能立刻演奏一首《給愛麗絲》，然後多半接著問：「準備什麼時候去德國（或奧地利）留學呀？」當時年紀尚輕的我只能抓抓頭，有點尷尬。開始主修古箏後，親戚們好像抓到了一點頭緒，點播起台語或日本老歌，也不忘要求來一段《還珠格格》主題曲。這些往事歷歷在目，令我哭笑不得。

台灣人普遍對於音樂系的印象，似乎還停留在雷諾瓦那幅「彈鋼琴的少女」所描繪的形象裡。學音樂是性情的陶冶，也是多數台灣家長為子女編織的夢想，只是不在既定印象中的我，常常不知如何向他們說明我的所學。越長越大後，也漸漸體會「音樂」二字在台灣社會顯得有些狹隘，其實學「音樂」並不一定是「西洋音樂」。

爺爺說，我小時候剛學會走路，就一台收錄音機不離身，懂得如何播放巧連智的卡帶，邊聽邊唱。那些故事與歌曲陪伴了我的童年，但真正領我進入音樂世界的是鋼琴。

鋼琴是音樂班學生必修的樂器，但每人還是專注在主修樂器上。除此之外，音樂班還有樂團訓練，在樂團中演奏古箏的名額只有一位，而學這樂器的人多，所以大家會兼修其他樂器。國、高中那些年，我也接觸了柳琴、大提琴及一些打擊樂器，說不上精通，但樂團經驗的養成，造就了我對不同樂器音色的敏感度。

音樂班的升學考試除了比照一般生的學科準備外，術科也是另一項吃重的應考項目，包含主修、副修、視唱、聽寫、樂理，雖然這些練琴的孤獨與苦悶早已隨時間淡忘，有次不經意地看到以前高中的作息表，還真是怵目驚心！每天早上七點半到校，一直上課到下午第八節結束，五點放學先飛奔到琴房練琴到六點，六點後固定跑操場三十分鐘，七點以前用完晚餐，回到家後練三小時的琴直到十點，待洗澡洗衣服完，十一點開始準備學科上的功課與隔天的小考，每天上床就寢往往已是凌晨一點之後，而隔天又是七點半到校。回顧這些，常不曉得自己是怎麼熬過來的。

大學術科考試「聽寫」項目那天，西樂考場在國家音樂廳，國樂則在國家演奏廳裡。考生們間隔著坐，全國音樂班學生同時在一個場域中聽錄音作答，感覺相當奇特。最後一大題是管風琴和弦聽寫，我數著拍子，一邊倉促地在五線譜劃著符頭，不知是否因為國家演奏廳的氣氛加持之故，心中突然撇過一個念頭：終於要度過人生最後一次術科考，大學的美好在前方向我招手！我有一股想仰天長嘯的悲壯感。

哪種音樂屬於我？

十多年來往返於升學與比賽的生產線上，隨著年紀漸長，我也開始反問自己：究竟音樂之於人生的意義是什麼？藝術的本質又是什麼？

上了大學，我在音樂生涯裡拐了個大彎，從站在舞台上的演奏者，轉向案頭的音樂理論研究；從古箏音樂的纖纖玉女形象，「回」到台灣傳統音樂的考察。研究台灣音樂的聲響文化脈絡，開啟了我塵封已久的孩提記憶。

小時候，大至媽祖生，小至村裡廟會，鞭炮聲及鑼鼓喧囂宣告著慶典的到來，孩子們總是東鑽西竄，為了一睹七爺八爺、顏色鮮豔的蚌殼精，及逗趣的老背少。在我腦海中漸漸逝去的陣頭、南北管音樂印象，在十幾年後進入大學，慢慢從課堂與圖書館中，逐步地拼回到童年的聲響記憶裡。它與生命經驗一起脈動，但卻離課堂最遠。

大學期間，陸續彈了北管三弦、南管琵琶，吹嗩吶，拉椰子胡，打板鼓、通鼓。從台灣的傳統音樂出發，也勾起我對其他民族音樂的好奇，學校提供多元的課程讓學生穿梭在不同音樂間：秋天的城隍廟祭典，我在廟前大埕擔任樂師打著鑼鈔；聖誕節盛裝站在音樂廳與合唱團唱著韓德爾的《聖誕神劇》；早上寫了一段歌仔戲七字仔唱詞，午餐後立刻接著上峇里島甘美郎（Gamelan）合奏；跟著京劇名角魏海敏扯喉嚨吊嗓子，也跟著琴人王海燕彈古琴唱琴歌；半夜跑到操場揣摩蒙古喉音的泛音歌唱，也曾硬著頭皮編出潮州弦詩樂加花的譜……。

認識了自己的音樂，我開始好奇其他國家的傳統音樂樣貌，後來，每看到一則國際新聞，我在意的不是內容，而是先上 YouTube 找該國的傳統音樂來聽。傳統音樂成了我看世界的角度，然而，我卻也開始矛盾：十多年來，徘徊在西洋音樂、中國音樂、台灣音樂之間的我，哪種音樂屬於我，我的認同在哪？我曾一度迷惘，但後來想想，其實，這些音樂都已經是我生命的一部分。

交換世界兩端的視角

「為什麼選芬蘭？」甫通過芬蘭的交換計畫，接著前往芬蘭待將近一年，甚至直到現在，仍持續有朋友這麼問著。

「想去看看一個古老的樂器，也好奇芬蘭人怎麼學音樂。」

芬蘭在設計、教育、科技領域備受矚目，大作曲家西貝流士（Jean Sibelius, 1865~1957）一直是大眾對於「芬蘭音樂」的印象。在國族的浪漫主義思潮中，「民謠」是作曲家間接與直接做為靈感的素材。我到芬蘭學古老的五弦樂器「岡德雷琴」（kantele），跟隨芬蘭民謠音樂家的腳步，從不同面向來觀察這塊土地的音樂生態，看芬蘭人如何發展民謠，以及在全球化中，他們對在地文化的態度與自我定位。

身為西貝流士音樂學院中唯一的亞洲交換學生，未知的稜線只有自己能夠翻越。從台灣被連根拔起，置入到另一個文化中，我看芬蘭人、芬蘭人看我，讓彼此一直處在文化碰撞中，面面相覷的狀態。對我來說，文化衝擊就像重溫了一次國小躲避球活動，獨自站在場中，一顆背後襲來的直殺球打得我欲哭無淚。但，越是跌得越重的一跤，卻越是刻骨銘心的收穫，「發現文化差異」的過程也是不斷檢視自己的過程。

交換學生，交換了世界兩端的視角，從別人對我的疑惑裡搜索枯腸，發現從前不曾想過的問題。

於芬蘭就學第一學期，恰巧碰上「赫爾辛基音樂中心」落成啟用，音樂中心成為我在芬蘭生活的重心。除了練琴、念書，每天通勤時穿過音樂中心，觀察到芬蘭人參與音樂活動的

奇卻也羨慕。狀況。芬蘭人是個愛音樂的民族，看他們對藝文活動的熱衷，到展演空間的規劃，讓我驚

這本書將分享我所看見的芬蘭，在這一年中，所發生的一些小故事。這些故事來自與芬蘭人的互動、對話，也有自己躲在一旁的靜靜觀察。異地求學的經驗，芬蘭除了從扁平的書本變成3D之外，從中也發現這個北歐小國的文化，裡頭更多的趣味與溫暖！

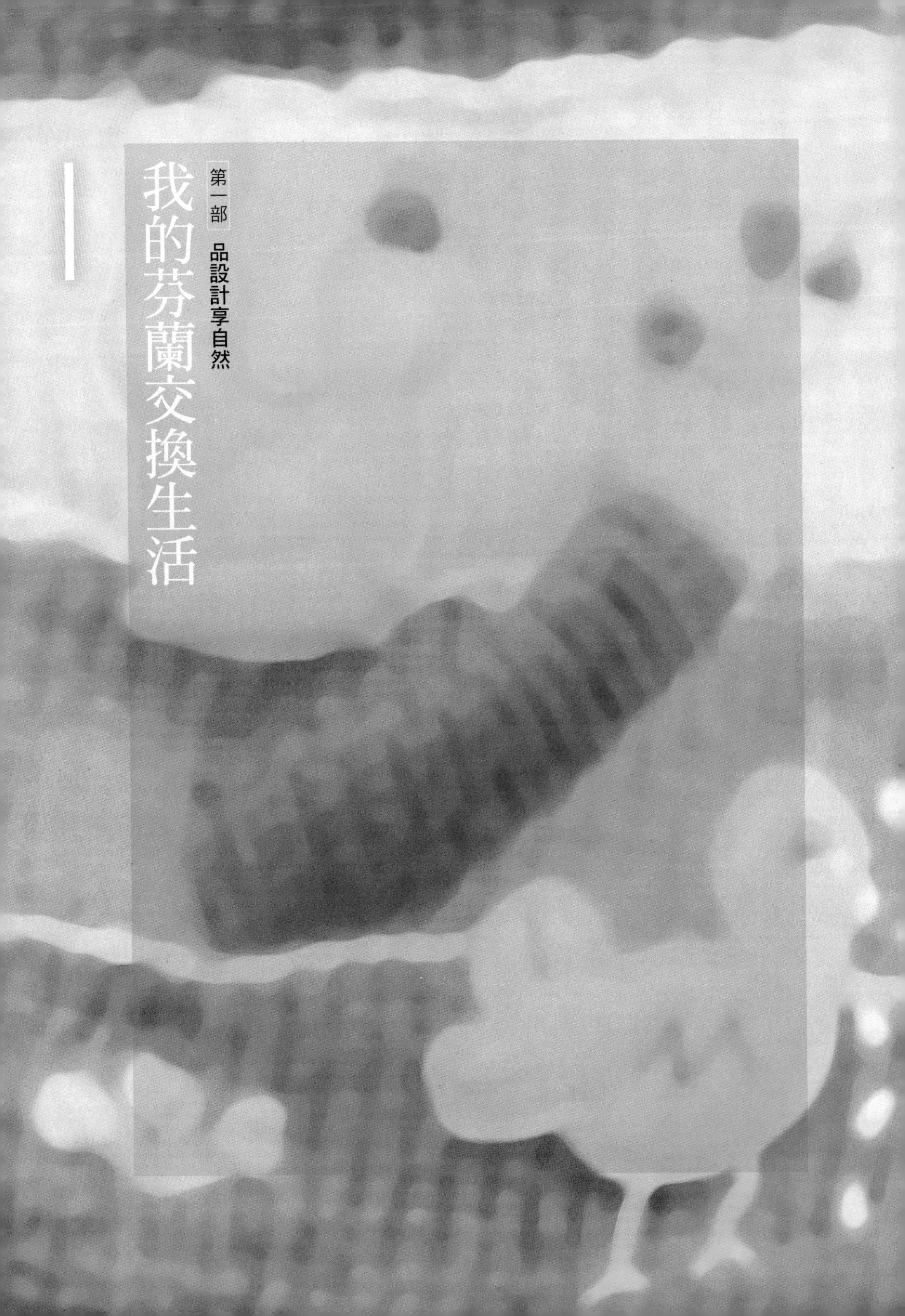

第一部

品設計享自然

我的芬蘭交換生活

我帶著台灣的南管琵琶，從亞熱帶飛到了千里之外的寒帶芬蘭。
比起台北快節奏的生活感和狂奔追逐大眾運輸的畫面，
在赫爾辛基的車站裡，人們的步調倒是緩慢、愜意了許多。

送妳一把櫻桃

凌晨一點半抵達了赫爾辛基（Helsinki）的機場，隻身站在幾近無人的航廈裡，十五度的天氣，空氣聞起來有點不太一樣。背著旅行袋，右手拖著不多不少剛好二十三公斤的大行李箱，左手提著南管琵琶，二十個小時的飛行，第一次自己飛，第一次到歐洲。

在申請交換生計畫之前，我就一直想到歐洲看看。查了查音樂學院的姊妹校，有三所，德國、奧地利及芬蘭。除了音樂家西貝流士之外，我對芬蘭一無所知，所以從德、奧兩間學校瀏覽起，「德蒙音樂學院」及「維也納市立音樂院」適合西洋音樂系的學生，再看了芬蘭「西貝流士音樂學院」，意外地發現有個像台灣一樣耕耘自己音樂傳統的科系——民謠音樂系。上網進一步搜尋，更查到一種古樂器，早在流傳千年的芬蘭史詩中就有其蹤跡，外型似箏，稱為「岡德雷琴」（註）。好奇聽了一下，這首岡德雷琴伴奏的詩謠，輕亮空靈的音色中，讓人聯想到高緯的冰寒氣候。於是，我帶著台灣的南管琵琶，從亞熱帶飛到了千里之外的寒帶芬蘭，一探究竟。

門邊的吉普賽樂團

在尚未領到租屋處的鑰匙前，先借住了赫爾辛基的朋友家兩日。待學校發下鑰匙，我匆匆地到車站辦了交通卡，想趕緊搬進自己的小窩，開始真正的芬蘭生活。台灣的悠遊卡採儲值扣款，而芬蘭的交通卡除了儲值外，還可按滯留時間長短與活動區域，選擇一次付清的方式，便可在有效時間內，不限次數地在購買區域內自由搭乘各種交通工具，包含輕軌列車、地鐵、巴士及火車。由於只在赫爾辛基市內活動居多，後者較為划算。

搭火車，是我在芬蘭時每天上學倚賴的交通方式，中央車站是芬蘭重要的交通樞紐，拱型正門的顏色是青銅器上的綠鏽色。火車站有好幾個出入口，四個捧著圓燈的石像處為正門，我和朋友都管它叫「四顆球」，若要到市區購物，就經常約在「四顆球」底下。火車除了市內移動之外，也可到其他大城，甚至遠至極圈。

車站大廳木製的兩扇門，是為了隔絕寒冷空氣所設計。走進大廳，頭頂上的幾個吊燈，質樸也富有古意，往返的旅客穿梭在大廳裡，木椅上坐了不少候車的人。通過大廳搭手扶梯往下，可達地鐵站。

芬蘭的地鐵呈Y字型，有別於國際首都地鐵的錯綜複雜，赫爾辛基的地鐵大概是全世界最簡單的。地鐵站往上一層的地下道，將附近的購物商場與超市 SOKOS、FORUM 連接在一起，讓人們在冬天購物時更為輕鬆。

推開通往月台的木門，便見廣場上的小攤販兜售各種莓果、櫻桃及黃色菇類，看起來新鮮、可口。比起台北快節奏的生活感和狂奔追逐大眾運輸的畫面，在赫爾辛基的車站裡，人們的步調倒是緩慢、愜意了許多。

我拎著皮箱和隨身行李，思考如何搭火車，卻被側門的聲響吸引了過去。門外有個小樂團正在演奏，膚色稍微黝黑的幾位男士，看起來像羅姆（吉普賽）人。他們演奏揚琴、薩克斯風、低音提琴和手風琴，第一次聽到這些樂器一起合奏，感覺很新鮮。揚琴手敏捷的花式敲奏，表露出自得與隨性，薩克斯風手握著樂器甚是投入；低音提琴手別於管弦樂團的正經八百，樂音瀟灑不拘，較不常見的手風琴則讓我端

右：赫爾辛基中央車站大門，有四個捧著圓燈的石像。左：車站其中一處入口。
左頁右：月台廣場上的莓果攤。左頁左：車站外的吉普賽樂團。

詳了好一會兒。

向前拍了幾張照，幾位大哥見有人關注他們，臉上充滿光彩，又叫又跳演奏得更起勁。曲終，樂器擺在原地，他們轉而聚在火車站側門邊，抽菸喝酒，有說有笑。

他鄉遇故知

車站將近二十個月台，正中間的幾個月台停了紅色、綠色的雙層超大列車，車廂上有針葉林、送子鳥的圖案。一旁的銀色列車，有別於紅綠列車的溫和，頗有一種騰雲凌駕之感，我後來才知道那是開往聖彼得堡的。欣賞完不同的列車，剩下的是眼前看不懂的芬蘭文（其實英文錯雜在其中，我一時尚未適應），該如何搭火車到住處帕西拉（Pasila）呢？

帕西拉位在距離赫爾辛基市中心北邊、搭火車五分鐘車程的一個小鎮，那裡有一棟專門給赫爾辛基交換生的百人宿舍。我站在月台上，努力回想芬蘭朋友前一天向我解釋如何到帕西拉的方式，他說每一台車都有到帕西拉，且一站就能到目的地。所謂的「每一台車」，包含眼前這些雙層列車嗎？通勤車路線圖看了好幾遍，看不出什麼所以然，欲哭無淚，我像個走失的小孩般，無助地拖著行李和琴在月台上晃來晃去。

苦無辦法之下，還是決定找人問問。遠遠地，竟看到一個黑髮男士在月台上，我慢

慢走近，用英語問候完，聽到熟悉的腔調，才發現遇上了同鄉！

北科大的陳英一教授剛結束瑞典論文發表行程，抵達芬蘭正準備旅行。我們在地球這端的月台碰上了。

手足無措的我跟著他去看了時刻表，搞懂那個看似複雜實則簡單的通勤車路線表，回到月台上，他帶我認識車站的月台分配。眼前這些有棚子遮蓋的月台，主要停靠開往其他大城的長途雙層列車，而外側沒有遮棚的月台，則是短程的通勤

中央車站月台。月台與車種之多，讓我一度迷失其中。

列車。站在月台上聊了一會兒，時間也差不多了，道別後，很不捨地拖著行李走向通勤列車的月台。

「瀅仙！」陳老師突然叫住我。我轉身。

「這些櫻桃給妳。」他從袋裡抓了一把剛買的新鮮櫻桃，放到我手裡。

「很開心在芬蘭能『他鄉遇故知』，生活可能會有些辛苦，但一切加油！」再一次道別。

我拖著行李往月台走，一邊握著那把幾乎滿出手掌的櫻桃，溫熱的眼淚在眼眶中，也快要滿出來。

後來，每天坐火車通勤時，經常想起第一天在中央車站的情景。直到回國，這份溫暖還一直留在心中。

註：kantele一般譯作「康特勒琴」，但kantele若用芬蘭語唸，最接近的發音是「岡德雷」，重音在最前。目前，台灣唯一一位從事芬蘭民謠研究的民族音樂學者許馨文，將此琴譯為「岡德雷」，此書沿用他的譯法。

這個只有五百多萬人口的寒帶小國，糧食多數仰賴進口，
森林、湖泊、白雪和極光可能是唯一勝過別人的，
但他們卻在大自然的感動中刻畫出了詩意、極簡及功能主義。
他們以現有的資源來發想、創造，從不嫌少。

捧在手心的資產：卡勒瓦拉

芬蘭獨立於一九一七年，在這之前，曾受鄰國瑞典和俄國約八百年的統治。十二世紀開始，瑞典語被定為官方語言，而草根性的芬蘭語只被用在農民階級及一些不正式的場合，直到俄國接收統治後，為了將人民從瑞典統治裡分離出來，才開始鼓勵芬蘭人尋根，使芬蘭語及芬蘭文化漸漸抬頭。

時至今日，從某些小地方還是可以透露出芬蘭人對瑞典的微妙情結。平日的言行舉止中，芬蘭人經常毫不修飾地反諷、調侃瑞典；國際賽事中，若芬蘭成績表現不佳，但一看到至少勝過瑞典，似乎就顯得寬心許多。

某次，跟芬蘭朋友討論有名的肉桂麵包時，我隨口提起數月前在斯德哥爾摩旅行，也看過口味類似、但體積稍微「大」了一點的肉桂麵包，此時，氣氛忽然凝重了起來，芬蘭朋友突然正經八百地要我別誇讚瑞典的肉桂麵包比較大，這會讓他們不開心……。那次之後，我深刻感受到這類話題的敏感與嚴肅性；現在的芬蘭就是芬蘭，不再有任何瑞典或俄國。

芬蘭魂

高中時代，Nokia 8250 的時尚機型加上可自由搭配的酷炫機殼，常在同儕中引起熱烈討論。一句「科技始終來自於人性」的口號搭配著堅若磐石的品質，讓 Nokia 引領風潮站上通訊界的頂峰，也讓世界看見芬蘭。近年來老大哥 Nokia 被狠狠甩在後頭，曾經競相擁有的手機品牌，曾幾何時竟也從記憶中漸漸淡去。直到抵達芬蘭後，無意間發現郊區一些長者還持有這些舊式機型，到底是芬蘭人念舊，還是機子真的摔不壞呀？或許二者都有。這也讓我發現芬蘭人支持國貨的傾向。

比起其他歐洲國家，這個只有五百多萬人口的寒帶小國，資源相當有限，農作物產不饒，糧食多數仰賴進口，森林、湖泊、白雪和極光可能是唯一勝過別人的，但他們卻在大自然的感動中刻畫出了詩意、極簡及功能主義。好幾個世界知名設計品牌應運而生，其中罌粟花圖騰的 Marimekko 讓日本人為之瘋狂，赫爾辛基旗艦店裡經常可見日籍觀光客的身影。如同芬蘭教育所提倡的，去珍視每個人的能力一樣，他們以現有的資源來發想、創造，從不嫌少。

史詩即生活

芬蘭的驕傲是Nokia帶來通訊發展的高峰，而聖誕老人村（Santa Claus Village）幫全世界的小朋友完成夢想，憤怒鳥（Angry Birds）也讓世界再一次注意到芬蘭；但要說真正代表其靈魂的，那不得不提到史詩《卡勒瓦拉》（*The Kalevala*）。

這本書是關於國家起源的神話故事，書的完成要歸功十九世紀末的一位醫生隆諾（Elias Lönnrot,1802~1884）。一八〇九年俄國戰勝瑞典，芬蘭被劃入俄國統治，瑞典語在當時仍是正式語言。隆諾在芬、俄邊境的柯瑞利亞（Karelia）地區行醫，發現農夫們用芬蘭語唱歌，歌詞敘述在瑞典統治前一位英雄開天闢地的故事。隆諾認為這代表他們有自己悠遠的文化傳統，立刻投身於民俗工作中，收集他聽到的故事，集結成冊，出版了《卡勒瓦拉》，後來被稱作「史詩」，更帶動愛國思潮。

右：芬蘭史詩《卡勒瓦拉》封面。左：芬蘭的卡勒瓦拉首飾品牌。
左頁：土庫市區的卡勒瓦拉公車。

《卡勒瓦拉》使芬蘭人重視自己的根源，故事更啟發了很多藝術家和作家，如作曲家西貝流士、畫家卡雷拉（Akseli Gallen-Kallela, 1865~1931），連英國作家托爾金也從中汲取靈感創作了《魔戒》。

「史詩」二字聽起來有些沉重，不過走在街頭卻經常巧遇。瘋狂的芬蘭人讓「史詩」在現代生活裡存在：很多城市使用史詩裡的角色做為道路名稱；企業如 Sampo 銀行，典故來自書裡的聚寶盆 Sampo；一九四一年成立的首飾品牌（Kalevala Koru）以卡勒瓦拉為名；一個俄國的民謠金屬樂團叫做「卡勒瓦拉」，因為成員中有個芬蘭人之故；位在赫爾辛基的國家歷史博物館，入口的天花板是史詩裡幾個重要情節的壁畫。

冬天我在昔日首都土庫（Turku）旅行時，看到一輛公車車身上貼著史詩最著名的插畫，一般思維是賣給企業主做廣告，但芬蘭人卻讓公車司機載著「史詩」到處跑。

卡勒瓦拉日

每年台灣人悼念二二八事件的這天，正是芬蘭的「卡勒瓦拉日」，又稱為「文化日」。當天我從圖書館借出中文、英文和芬蘭文的《卡勒瓦拉》來讀，感受一下氣氛，邊想像這個年輕國家在故事裡如何「被創造」出來。

卡勒瓦拉日當天，芬蘭有許多各式各樣的活動在各地舉行，文學或音樂類的活動最多，幾年前也曾有過人們 cosplay 成史詩角色的划龍船比賽。

這天在音樂中心裡的咖啡座有個小型音樂會，是由音樂教育系學生自己發起的。音樂教育系平時在學校接受的訓練是教學，演奏民謠是全新的嘗試。當天的表演曲目包含了全體合奏、小組演奏及民俗舞蹈。小組演奏是由學生自組團體，自行決定樂器編制和曲目創作。為數不少的舞曲透過現場演奏，鮮明的節奏感染了大家，學生們找了舞伴就在一旁跳起來，隨後有不少民眾加入，台上台下開始有了互動，音樂會不再是正襟危坐的聆聽。

在芬蘭人的重視下，史詩《卡勒瓦拉》不是書架上一本遙遠的神話故事，它一直與當代生活互動，一直存在於生活中。

右頁：卡勒瓦拉日是芬蘭國旗日之一，白底藍十字旗處處飄盪。
上：卡勒瓦拉日音樂會。

白教堂與花櫥窗

芬蘭，有一輩子看不完的白。
特別是冬天，凍湖、森林、屋簷、馬路被張狂的白全然覆蓋。
而芬蘭設計最令人陶醉的繽紛花樣與大膽配色，如花卉、蟲鳥，
在在透露著天氣的單調及芬蘭人對春夏的渴求。

身處北歐，不同的人文與自然體會消融了一些過去的舊思維，首先得適應的是疏離的人際關係。可能是文化差異，也可能是芬蘭人口本來就少，人與人之間似乎總是隔層紗，漸漸地，「獨處」能力隨著停留的時間演化出來，有時雖覺得孤獨，但大自然適時填補了這些人際空白。

赫爾辛基雖貴為首都，但競逐的擎天大樓全市找不到一棟，整個城市安靜得像個小鎮。湖泊、森林廣布市區之中，旅人可利用徒步、腳踏車或是搭輕軌列車的方式，用緩慢的腳步感知這塊土地的人文。

大自然像是一個大劇場，構成的布幕、背景、舞台無時無刻不在變化。

芬蘭夏季不長，秋季來得突然，夏轉秋的短短幾週葉片瞬間染黃；大雪來臨前，樹葉早已告別樹梢，留下蕭颯的風聲，落日也趕在下午三、四點沉入地平線；初春則是全然不同的氣象，枝頭上一株株生菜般的嫩綠色紛紛探頭，開啟新的扉頁。

上完課搭火車返回住處，伴我回家的經常是一片夕陽，紫色的雲彩像極了新嫁娘婚紗滾邊的蕾絲。夕陽的美，讓人徜徉在粉橘、甜紫、鵝黃、深藍……的雲彩變化裡，不勝喜悅。

北國的大地色彩隨著時間、季節脈動而變化，短則一天，長至一年，讓人驚歎，也時常為之屏息。

白教堂的純粹

我時常捨去只要五分鐘車程的火車，改搭半小時才能到校的輕軌列車，看一眼白教堂（Helsingin tuomiokirkko）。白教堂坐落在市中心，從岸邊的小路可以步行直達，許多輕軌列車也有停靠。

北歐，色彩千變萬化。

新生訓練當天，學校安排觀光巴士帶學生繞市區，導覽的中年女士一支麥克風黏在嘴上，滔滔不絕地介紹街道歷史、商圈分布、博物館、超市……，從被列強環伺的悲情到戰後品牌林立的自信，芬蘭不凡的骨氣讓那位女士很是驕傲。

車駛過轉角，大家「哇」的一聲，從半夢半醒中抬起頭來，隨著巴士轉彎，白教堂優雅地緩緩出現眼前。見到白教堂全貌的瞬間，大家的目光被凍結了。那片白色讓我突然恍然大悟，常綠國度台灣很少見一整片的白。

回想起家鄉的街頭商家和自家的裝潢，人們對顏色的喜好來自於同儕與環境的潛移默化，老一輩的人脫不出傳統習俗的審美，認為「紅水黑大扮」，而年輕一輩則偏好日韓的糖果色系，「白色」實在不算寵兒。這薄弱的關係甚至讓人起疑，台灣人與白色最密切的距離，會不會是影印機旁那一疊疊Ａ4紙呢？

芬蘭，有一輩子看不完的白。特別是冬天，凍湖、森林、屋簷、馬路被張狂的白全然覆蓋。白色的純粹，是走一趟北國得悉心品味的。

白教堂是逗留赫爾辛基的旅客必定拜訪的地標，教堂前的小廣場生意盎然，但沒有芬蘭人擺攤。廣場上穿了軍裝的雕像，管它歷史多麼嚴肅，海鷗也來參一腳啊！

右頁：藍天下的白教堂。
上：矗立於白教堂前的雕像。

櫥窗裡的設計軟實力

漫步在赫爾辛基街頭，最值得看的是一個個的櫥窗框框。站在有點反光的玻璃前，窗明几淨的另一側是跳躍著的想像力。這些空間設計很難與平常見到的芬蘭人連結，他們沉默，但在思考商品物件與周邊搭配時，卻總是讓人意想不到。人們穿越在框框之間，就像享受一部實驗性質的前衛作品。

芬蘭設計最令人陶醉的大自然、花卉、蟲鳥……等繽紛花樣與大膽配色，在在透露著天氣的單調及芬蘭人對春夏的渴求。走進Marimekko店時，迎面而來是直通屋頂、整架的經典布料展示，每塊布料彷彿都拚了命的在爭奇鬥艷，鮮麗到讓人覺得，那是芬蘭人自己「想像的」春夏。所有圖樣除了試圖將最美麗、最璀璨的一刻記錄下來之外，他們更發揮內心的想像，用誇張的表現手法去彌補春夏二季的短暫，表達心中的狂喜，盡情設計在家居用品上，讓冬天從冷冽的屋外回家的人們，進到室內還能享受春心盪漾。

芬蘭街道上的小框框，訴說著整個國家的設計軟實力。這些框框，不是那種挑動意味濃厚的商業標語，召喚著你從口袋掏出錢來，而是美得使你自動靠近，駐足品味片刻。從中你可能發現一些巧思，買或不買都不要緊，因為這些小框框裡的圖像在你走遠後仍不斷發酵，像樂曲結束後的餘音，迴盪在腦海中。

五彩繽紛的櫥窗陳列，跳躍著骨子裡大膽熱情的想像力。芬蘭品牌設計簡約，活用色彩，如golla。

（golla 提供）

西貝流士公園與岩石教堂

西貝流士紀念公園（Sibelius Monument）位於市區岸邊的綠地上，包含兩件作品：一是西貝流士的頭像，根據他眉頭深鎖的表情做成的金屬雕塑；另一個是管狀造型藝術，五百多根的金屬管矗立於盤石之上，像極了管風琴的風管。這個作品雖然不大，但在陽光照射之下，金屬的質地透過光線反射，產生非常強烈的視覺感受。

上右：西貝流士頭像。
上左：仿管風琴的造型藝術。
下：岩石教堂音樂會。
左頁：水岸附近的咖啡木屋。

公園不遠處，是名聞遐邇的岩石教堂（Temppeliaukio Church），若從上頭空拍，照片看起來就像是誤闖地球、墜落在岩石堆裡的飛碟。教堂的大門十分不起眼，像是某間工廠的後門，門口的十字架也不是傳統的樣式，充滿了「現代感」——用銅板來組合。站在前方，從特定的角度才能看出完整的十字形。

由於教堂是挖鑿巨岩建成的，我原以為內部可能光線不足，但進到裡面才發現別有洞天。沒有磚瓦和彩繪玻璃，整個建築體以銅線圓頂、一百根木椿和透明玻璃組合起來，固定於天然的岩石壁中，使光線能夠完全透進來。我不懂建築學，但猜想它定是建築界很具代表的一例。

一架百年管風琴置於牆上，目前岩石教堂經常有音樂會舉辦，提供表演平台鼓勵音樂團體或個人，每逢假日總是人潮絡繹。

兩次造訪公園和教堂分別在秋末初春，我對西貝流士公園的印象一直停留在一片綠草茵茵，據說冬天別有一番景致。

岸邊的小紅咖啡屋也是這區的熱門地點，散步或騎車到這裡可以稍做休息。來杯熱騰騰的咖啡，坐在岸邊遙望船塢旁停泊的藍白小船，或者欣賞更遠處的那片森林。漫步赫爾辛基，讓身心跟著腳步悠哉晃蕩。

鑲嵌在台灣文化的「微笑」是禮數、尊重與善意，
但北國的不笑之風，讓我煞是震驚，原來世界另一頭不一定奉行這套圭臬。
微笑是一種友善，表面一百分的友善；芬蘭人雖不微笑，卻非不友善……

不微笑文化

「不笑、沉默」是初抵芬蘭時對芬蘭人的印象之一。

赫爾辛基雖貴為首都，整個城市卻安安靜靜的。火車上、電車上的芬蘭人大多面無表情地坐著，除了爛醉中胡亂囈語的，交談的人可說少之又少。人們彷彿只行走在自己的日常軌道上，不想、也不願發出多一點的聲響。我有時試圖猜想他們到底在想什麼，卻毫無頭緒。面對這讓人啞然的寧靜，才發現自己來自一個扎扎實實的「面帶微笑文化」。

鑲嵌在台灣文化的「微笑」，是禮數、尊重與善意。從小，父母總在與長輩或陌生

人應對前叮囑，微笑才有人緣、不笑不得人疼，總之微笑的好處是細數不完的。但這些「優雅」與「涵養」的金科玉律，當我暴露在這北國不笑之風時，煞是震驚，原來世界另一頭不一定奉行這套圭臬。

剛抵達的那幾天，在赫爾辛基街頭穿梭、與人對望，還是習慣以笑迎人，但芬蘭人多半看著地上，要不就在眼神對到那一剎那迅速抽離。三天下來，終於有個人以笑容反饋，是一名索馬利亞男士。那個「第一個笑容」我始終記得，怔怔發覺微笑之於陌生人的重要，是無以言喻的安全感。

芬蘭人的表情讓不少愛微笑的台灣人頗為困擾，一來擔心是否有所得罪，二來是不知如何反應。據說這不微笑的極致

創意角落在芬蘭俯拾皆是。

赫爾辛基街窗上的微笑塗鴉。

者，講話時甚至眼睛不對焦，只對著縫隙說話。可怪的是，當自己嘴角的一抹微笑，慢慢地隨著氣溫降到零下轉為眉頭深鎖時，竟也就不再注意他們的表情了。

但不微笑，真的代表什麼嗎？

多次在赫爾辛基找路，手拿著地圖站在街角，就有芬蘭人停下來主動詢問是否需要幫忙。

第一次上超市想找塊可以炒菜的奶油，只見一整列塊狀奶油的外包裝上標示的全是芬蘭文，我請一旁正在上架的店員幫我讀一下，那是一位有點年紀的女士，不知是被我這外國人嚇到，還是聽到突如其來的英文，她有些驚慌，用不是很流利的英文回答我：「有些奶油是做菜，有些則是做甜點用的。」說完她便轉身離開，留下仍一臉茫然的我。大約兩分鐘後，這位女士突然又從身後出現，手上拿著一塊奶油，推薦我買這個牌子，她很努力地用英文解釋這牌子比較好吃。我點頭感謝，她靦腆地露出笑容。

剛到芬蘭的時候，因為氣候適應不良大病了一場，咳得嚴重。有天買了票聽歌劇，在音樂段落時很想咳嗽，只能強行忍住。演出中觀眾席是暗著的，我隱約看到左方的女士從包包裡拿出一盒東西，沒想到她一隻手直接往我靠近，作勢要倒，我本能地伸手接了。黑暗中實在看不清楚手心裡的那兩顆東西是什麼，她小聲地告訴我：「那是喉糖，對你的咳嗽會有幫助。」

微笑是一種友善，表面一百分的友善；芬蘭人雖不微笑，但他們並非不友善。而且，我還是在不微笑的芬蘭街角，發現了「微笑」。

芬蘭給我的不僅止於音樂上的啟發，
也不只是一個重視教育、設計和科技的國家，
她有很多展現在不同層面上來自人們珍惜與愛護的善意，
就像是重視寵物的生活。

狗狗你好嗎？

每次到音樂學院的Töölö校區處理課業事務，負責承辦的雷娜小姐總是告訴我，秋日湖景是多麼的優美怡人，建議我不妨到那兒走走。幾次下午找她沒找著，原來三點多時，她早已離開工作崗位到湖邊曬太陽，為了把握入冬前所剩無幾的陽光。

要到Töölö湖，得先穿過一座小森林，林中蓊鬱的草木漫著翠綠，每次走進這片森林，耳邊除了沙沙的風聲外沒有別的。水光雲影的湖水，雁鴨成群飛過，幾隻白鵝在水面上玩耍，純淨的生態讓牠們十分健康快樂。芬蘭人珍惜天上飛的地上走的水裡游的所有生物，政府也規定不得將之占為己有。

往 Töölö 湖的森林小徑。

走一趟林中小徑，便可一窺這個北歐國家的價值觀，芬蘭人生活的縮影就在森林裡。無論什麼時間到湖邊，總可看見不少戴耳機慢跑的人們、推嬰兒車出來散步的爸爸媽媽，以及單車上的學生或情侶。這種平實、單純和寧靜，便是芬蘭人生活的基調。在 Töölö 湖散步有種氛圍，總讓人遙想是否踩踏著西貝流士的足跡，不知當年念赫爾辛基音樂院的他也經常到這湖邊散步嗎？

芬蘭人與狗

北國的大自然能夠了卻心中煩擾，並體會其中的瞬息萬變，它無時無刻不提醒著人類的微不足道。每當享有片刻閒暇，我喜歡到湖邊感受自然，觀察芬蘭的動植物，特別是狗。在赫爾辛基這樣一座人口不多的城市裡，很快就會發現狗的數量還真不少。比起台灣的狗，芬蘭的狗看起來「規矩」很多。

伯伯與Idol。芬蘭人喜歡養狗作伴，照顧態度卻非常嚴謹。

一日，我獨自坐在湖邊木椅上吃午餐，望著已被秋意染黃的一大片蘆葦，邊吃著芬蘭傳統的米派（Karjalanpiirakat）。不遠處，一個伯伯和一條白色拉不拉多狗正在曬太陽。伯伯戴著墨鏡看著前方，椅子扶手上綁了好長一條拉繩，卻被扯到最底，狗大哥則躺在遠處另一端，正咬弄一根蘆葦梗。

沒一會兒，狗厭倦了蘆葦開始亂跑，一下子跑進草地裡胡亂咬了些草，一下子又跑到湖邊用前腳踏了踏後開始喝水，牠對浮在岸邊休憩的綠頭鴨也很好奇，試圖追牠們。不一會兒，狗扯著那條長繩往我這邊跑了過來，躺在我的長椅邊。伯伯注意到我一直觀察他的狗，便笑笑地示意可以摸牠。

這隻美麗的拉不拉多名叫Idol，不知是覬覦我手上的米派還是真的不怕生，一直朝著我搖尾巴，我摸了摸牠的下巴，牠側著頭吐舌頭傻笑。大概見我一直沒給牠米派吃，牠就跑開了，搖著尾巴跑到隔壁的長椅旁，直巴巴地望著喝咖啡的女士。狗的貪吃本性，真是跨越國境啊！

「也許是因為芬蘭人不擅長與人交際，很多人喜歡養狗作伴。」我和伯伯聊起來，他笑著說。

他每個月養狗的費用大約一百到兩百歐元左右，換算成台幣（約四千到八千元），實在是一筆不小的開銷。Idol是花不少錢買來的，也有很多人經由朋友分養，來省

CAFÉ
Vanille
Tervetuloa
Welcome

■芬蘭人喜歡一次養兩條狗，大多是同品種、不同顏色。

下這筆錢。

「雖然花費高，芬蘭還是有不少人養兩條狗，當主人不在家時，牠們就能彼此作伴。」伯伯說。

不知是芬蘭人對「寂寞」特別有感觸還是其他原因，聽到伯伯對狗的周到照顧，實在讓人感動。同樣也養狗的樂器製作課老師提摩（Timo Mustonen），每次下課就經常趕著離開，為的是回家蹓狗，他說一天「至少」蹓「三次」狗，如果沒空，一定會電話聯絡鄰居代勞。

一個沒有流浪狗的國家

芬蘭，是一個沒有流浪狗的國家。芬蘭人對於養寵物的態度非常嚴謹，一方面是因為北歐的動物相關保護法令要求高，另一方面則是因為養狗費用昂貴，豢養前會先經過審慎的考慮與自我評估。

走在赫爾辛基街頭，有狗便有主人，法令規定狗飼主必須將狗綁好以免咬傷他人。生活中唯一可見主人與狗分開的「時刻」，是在超市前。狗不被允許進入超市、便利超商等處，牠們被綁在店門口，坐在推車旁或垃圾桶邊等候主人，即便下雪，也是直撲撲地躺在雪地上等待。

狗在芬蘭家庭中十分普遍，資料上顯示，五十萬人口居住的赫爾辛基市就有二．五萬條寵物狗，比例不算低。芬蘭人養了狗後，大多會加入「養狗人協會」來了解相關法規及飼養方法，譬如主人一定得把狗綁好才能上街，避免咬到人被科罰金。但老實說，在芬蘭看過不下數十條的狗，連聽到狗「吠」也沒幾次。

不少芬蘭人喜歡養同品種、但毛色不同的兩條狗，輕軌電車上經常可見狗兒跟著主人上車，安靜地趴在車廂裡。也許與涼爽寒冷的氣候有關，低溫讓狗的毛色總顯得光滑、柔亮。

為什麼台灣的狗冬天要穿衣服？

我常常因為芬蘭狗的乖巧與芬蘭主人的周到照顧而驚歎，牠們每天有好幾次出家門的機會，市區裡有「遛狗公園」、「寵物狗泳池」讓牠們自由活動，有益情緒穩定。令人疑惑的是，冬天裡動輒負十幾度的低溫，幾乎沒有狗「穿衣服」，只見牠們在雪地裡活動依然充滿活力，是因為品種讓牠們不怕低溫？或許，狗兒需要的並不是外在的裝扮，而是一個願意陪牠散步、給牠一個溫暖的家的主人。

有一則新聞描述，一位女芬蘭訓練師將羊駝做了訓練後，讓牠們具有療癒犬的功用，帶著牠們到村莊裡與病人或幼童互動，羊駝可愛的模樣讓不少病患展開笑容，也因此緩解病情。經常想，芬蘭給我的不僅止於音樂上的啟發，也不只是一個重視教育、設計和科技的國家，她有很多展現在不同層面上來自人們珍惜與愛護的善意，就像是重視寵物的生活，從寵物的需求出發來照顧牠們一生。

在異國所看到的差異，讓我想起台灣至今仍每十二天定期撲殺流浪狗、陽明山上有人用蕃薯袋裝野鳥兜售、買烏龜放生蓮池潭、兔年過後出現棄兔潮、情侶分手後棄養當初一起買的狗……這些令人心痛的消息。一個值得尊敬、令人嚮往的國家，究竟是居高的國民所得，還是面對另一條生命時，有更謹慎的態度？

每天觀察這場「占領赫爾辛基」活動，讓人感觸頗深。
沒有大聲公，沒有聲嘶力竭，只有標語與一片寧靜。
我只是在想，台灣的社運需要吼得激動，是否因為當權者的充耳不聞呢？

占領赫爾辛基

不同於台北寸土寸金的商業思維，赫爾辛基市在生態維護與都市發展間取得了不錯的平衡，整個城市隨處可見綠地。走出中央車站後，幾塊大草皮一直綿延到音樂中心旁。適逢秋天爽颯的氣溫，每天早上伴著我到校的，是蔚藍的天空及草地上盛開的繁花。幾週來漸漸融入異鄉的簡單生活，常常因為一片藍天、一隻海鷗或一朵小花而不自覺地微笑，開始發覺人生所求實在不多，這種閒適與心中的寧靜感，是金錢無法取代的。

還沒傍晚，學校便紛紛放學，草地上聚集了不少青少年，正在練習滑板。芬蘭年輕人非常熱衷此娛樂，市區各處經常可見他們的身影，從躍上水泥花圃到空中翻騰等各種千奇百怪的招式，還有人拿著相機，邊滑邊側錄隊友飆行的路線。但在草地另一頭，一直讓我不自覺地把眼神飄過去。

火把、帳篷、桑拿車

開學沒多久，每天通勤之間，我發現了這個角落，別於我過去的「芬蘭印象」，數個擁擠的灰色帳篷搭在赫爾辛基市中心裡，非常突兀。遠遠看，垂墜的布幔上寫著看不懂的芬蘭文，感覺得出他們在從事某種活動，表達某種訴求。

秋日轉冬，溫度計的氣溫一去不回地往零度直奔而去。每天往返市區間，仍不見這些帳篷客有散去的傾向，他們反而燃起火把，帳篷區還傳出熱鬧的搖滾樂。我決定走近瞧瞧。

「OCCUPY HELSINKI」斗大的字。是抗議活動。

抗議布條靜靜傳達著某種訴求。

國會大廈前偶然遇到的另一場社會運動。

為什麼要占領赫爾辛基？這個讓我每天優游自在的國家，竟還有人不滿現狀？接著滿腹的疑問排山倒海而來：芬蘭的社會福利已讓全世界神往，又擁有如此優雅的自然環境、免學費、連基本工資都達七萬多台幣……，人民哪還需要怒吼？

由於人在芬蘭，不免關注台灣媒體所報導的芬蘭相關新聞，但不意外的，關於「占領赫爾辛基」沒有任何報導。台灣不是沒有關於芬蘭的新聞，的確有，而且有兩則！一是關於芬蘭總統大選的結果，標題為「芬蘭新總統　南亞海嘯災民當選」，整則報導著墨於候選人在南亞海嘯中如何靠爬樹獲救；另一則的標題是「芬蘭女總統老公偷瞄王妃『事業線』」，還附上總統老公視線撇向丹麥王妃胸部的詳盡連環圖。

我試著查出那些標語上的芬蘭文，但沒什麼進展。最後在《大紀元日報》「北歐一週政經簡訊」裡找到關於「占領赫爾辛基」的蛛絲馬跡。裡面提到：「『占領赫爾辛基』

活動示威者呼籲菁英們聆聽大眾的聲音，在芬蘭其他城市，如坦佩雷（Tampere）、奧盧（Oulu）、土庫（Turku）等也有相應活動響應。『占領赫爾辛基』的規模較小，進行過程中『和平』也是其主調。」

幸福競爭力與軟性力量

在「占領赫爾辛基」網站上，有一篇由 Julistus Suomeksi 撰寫發表的英文聲明稿，提出了聲明與訴求：

我們是「占領赫爾辛基」。我們不用政治觀點、社會地位或是其他外在理由定義自己，我們代表的是我們自己，且我們之中沒有一個個體可以單獨代表整個活動。我們在二〇一一年十月二十日在赫爾辛基的 Kansalaistori 廣場聚會，並重新將這個空間取名為 Ihmisten tori，也就是「人民廣場」。我們正在尋求一種新觀點與運作模式，來為目前全球化政治結構與經濟結構找尋出路，希望這份宣言是「占領赫爾辛基」的基石與方針。

我們意識到，目前的結構正帶領我們往一個全球化社會、經濟、政治及生態的災難：一個無法靠工作維生，平民百姓對他們關心的議題無法產生影響力，甚至連富有的國家都淹沒在債務中，人性價值只用勞動利潤來衡量的世界。我們認為如今經濟貪婪遠遠超過於生態福祉，目前對待環境的方式明顯不夠。

我們的關切很正當，也並不感到孤單，世界上幾十萬人都致力在思考一個不同的世

界，像是西班牙民主活動及占領華爾街活動，我們希望一個不要凡事都以商業銷售為第一的世界，最重要的是在意幸福競爭力，並且用尊重的心態對待我們的環境。

我們不只是抗議，我們思考如何成就一個社會和生態都更為永續的世界。

從這份訴求中，可以看見這些芬蘭人展現出一個公民角色，倡議自己所信仰的價值，審視現況並提出檢討。這些年來，世界因資本傾斜所造成的不公不義，導致許多社會運動與革

和平的抗議活動，為「尊重環境」、「訴求人權」發聲。

命紛紛綻開，特別是新世代對於前一世代的反省，並提出對未來生活的期待與想像，是「價值取向」而非「價格取向」，「尊重環境」而非「經濟至上」，「訴求人權」而非「踐踏勞力」。大家企圖以軟性的力量讓社會、權力結構有所改變，為一個較平等、尊重環境、善待不同族群，以及認真活出自我生命價值的社會而努力。

到芬蘭交換學生前的幾個月，重大的國光石化爭議案讓我走上了街頭。抵達環保署後，才發現警方早已用層層拒馬把學者、環保人士、學生這些抗議者隔絕。我與其他一群素昧平生卻擁有相同理念的人，跟著別人喊口號，表達訴求；有時則面對中華路舉著標語，對來往的行人邊喊口號，邊吸著熙來攘往的車輛所排出的廢氣。

到了芬蘭後，每天觀察這場「占領赫爾辛基」活動，讓人感觸頗深。沒有大聲公，沒有聲嘶力竭，只有標語與一片寧靜。我只是在想，台灣的社運需要吼得激動，是否因為當權者的充耳不聞呢？

這場「占領赫爾辛基」最終就在我沒注意時悄悄結束了，據說最後是由赫爾辛基市的警方把帳篷拆除。芬蘭這場歷經秋冬的社運，除了火把、帳篷、廚房等基本配備之外，還有一台「桑拿浴車」。

邊參加社運，晚上還能夠洗桑拿，這種優雅，全世界可能也只有北歐才有！

這糖的滋味非常古怪，當你放入嘴裡時，是鹹是甜都說不上來，遍尋人生的味覺記憶抽屜，完全找不到任何足以形容的詞。當豬血糕代表台灣，拿下英國旅遊網站「全球最怪異十大食物評選」第一名時，不曉得小黑糖是否代表芬蘭參賽了？

沒吃糖，不芬蘭

一提到芬蘭，台灣人腦海中多數浮現的是：極光、Nokia、聖誕老人、姆米、憤怒鳥、冰塊燈……。這些屬於「北歐」的鮮明圖像，同時也鍍上了北國的、品味的、手作的、神秘的……等隱喻價值。但若真的和芬蘭人聊起，他們可能會搖搖頭，跟你說「我受夠了聖誕老人村那種商業化的地方」這類讓人心碎的話。

但是，有一款足堪代表的芬蘭「味」，大家對它顯然比較陌生，老實說，不認識它，實在不能說你了解、認識了芬蘭。

那是一顆糖，一顆喚作 Salmiakki 的小黑糖。

生活中的小黑糖

嚴格說來，小黑糖不是芬蘭獨有，很多北歐國家的人都愛它。我的丹麥室友成天與小黑糖為伍，老是叮囑我，如果有不想吃的小黑糖，不必客氣直接轉讓給她。在德國的台灣朋友說：「搞不懂這糖，德國人也很愛它。」某次向在荷蘭念書的台灣朋友提起，她近乎驚恐的問我：「是那個 drop 嗎？」

靠著網路資料，我拼湊出小黑糖的勢力版圖，範圍大約擴及了北歐、西歐及波羅的海兩小國，名稱都有一樣的字根：Salmiak。

芬蘭人到超市買東西時，習慣在結帳台上隨手買一包小黑糖，這讓我想起有些台灣人習慣順便拿包菸，但我不知道這是否能稱為「糖癮」。說到歐洲其他國家對它的觀感，以我一位同為交換生的蘇格蘭朋友來說，他第一次嘗試吃小黑糖口味冰棒時，我們一夥人站在他身旁，眼睜睜看著這個原本活力四射的男孩，在舌尖觸

超市裡滿坑滿谷的小黑糖。

（湯佳靜 提供）

碰到冰的下一秒，馬上臉部扭曲加上一句 what a shit，芬蘭助教則在一旁咯咯笑。

就是她慫恿下，我們這些無知的交換生才買下那根冰棒的。

這糖的滋味非常特殊，它的威力在於入口的那一瞬間。當你剛放入嘴裡時，是鹹是甜都說不上來，若要你形容，你會突然發現詞窮了，遍尋人生的味覺記憶抽屜，卻完全找不到任何足以形容這種古怪滋味的詞。

我們稱它為「甘草糖」，通常前面還會加一些情緒化的形容詞。味道有點接近放在滷味裡面的「八角」，但又不完全是。

芬蘭人愛它，把它做成各種形狀，有菱形、圓形、長條狀，形式有糖果、冰淇淋、巧克力，甚至還有酒。芬蘭有很多廠商生產小黑糖，在芬蘭超市裡為了三餐菜色想得山窮水盡時，看到架旁數十種以上的小黑糖，實在有點無奈。

在芬蘭的台灣交換生圈子裡，小黑糖經常被我們消遣，像是做甜點、包水餃、煎煎餅時，嘴上總要來一句：「要不丟幾顆 Salmiakki 試看看！」雖然口中這麼說，卻從未付諸行動過。但是，小黑糖也有被重用的時刻——當做遊戲失敗者的懲罰。

芬蘭人愛護自己的文化，將之發揚光大、推及生活是不遺餘力的，就連小黑糖也不

右：各式小黑糖。左：小黑糖口味巧克力。
左頁：芬蘭甜點。

例外。小黑糖的極致發展，我後來在一個小城鎮的設計小店裡發現。芬蘭人用羊毛氈做成小黑糖形狀，串成項鍊和手環，從一個食品昇華至穿戴的配件。我想，台灣人即使很愛吃臭豆腐，也不太可能將它做成項鍊掛在脖子上吧！

用小黑糖交朋友

芬蘭有一間百年歷史的巧克力工廠——Fazer，平時開放很多時段給人參觀，除了免入場費外，還有導覽，最令人興奮的好處是，「在你能力可及的範圍內，可以『無限制地』享用所有的巧克力！」

一整天參觀下來，我吃了不少，帶著滿足感與準備發胖的小小愧疚準備離開，還拿到一袋廠方送的伴手禮。這不太像是芬蘭風格，格外讓人欣喜若狂，回到家打開來一看，除了一些該出現的巧克力外，竟然還有包小黑糖！冷靜後，我決定先原封不動，將之安置於袋裡。

沒想到，這一放就放了三個月！不知不覺來到了聖誕節，當大家興高采烈地寄明信片、買聖誕禮物，我卻苦思一位芬蘭朋友的聖誕禮物要送什麼好。他是英文課中認識的同學，主修法國號，一位非常典型的芬蘭人，害羞寡言，由於曾到北京的青年管弦樂團待過，對亞洲有一些感情，經常問我關於中國文化的事。

「何不就送他那包糖呢？」突然天外飛來靈感。

聖誕節還沒到，我就急迫地將它送出去了。那天，結束英文課一起午餐，當他收下小黑糖時，我看到他臉上綻放的笑容，再一次確認這禮物是送對了！他立刻起身刷了卡請我喝咖啡，後來每次上課，遠遠地看到我就猛揮手。

就這樣，小黑糖化身為外交大使，搭起了台灣和芬蘭友誼的橋樑。

芬蘭男孩後來交了一個日本女朋友，我與那女生本就認識。我們三個會熟稔起來，主要是因為芬蘭男孩不時準備不同形式的 Salmiakki 要我們嘗試，看我們把糖放進嘴巴，然後臉部糾結、全身扭動，他就哈哈笑。這使我一度懷疑，芬蘭人是不是以看亞洲人吃 Salmiakki 為樂。

上：與小黑糖第一次邂逅，你的表情大概也會這樣。
左頁：小黑糖形狀項鍊。

當豬血糕代表台灣，拿下二〇〇九年英國旅遊網站「全球最怪異十大食物評選」的第一名時，不曉得小黑糖是否代表芬蘭參賽了？

有天早晨起床，一臉惺忪，搖晃著身子到廁所刷牙，打開前一天在超市買的新牙膏……，猛然我醒了。是小黑糖口味的牙膏！我突然懂了，懂了芬蘭人愛小黑糖的那顆炙熱的心，原來是清晨就需要它。

從那天之後，我的包包裡就多了一盒小黑糖，累的時候，再也不買咖啡，而是拿起一顆小黑糖含在口裡，讓自己醒來！

來到芬蘭，絕對可以重新體會各種層次的「顏色」變化，大開視網膜極限。季節交迭，讓芬蘭人每一年都得面對失去，一年後又能有新的開始。大自然無情的變換，雖然殘酷，換個角度想，或許是另一種恩賜。

彩色樹

在台灣，「到郊外走走」這件事，多半得「等」到假日得閒時才進行；在芬蘭，生活與「接觸自然」密不可分，走個三、五分鐘就可能遇到一片湖、一座森林。為什麼在學業（事業）與生活之間，台灣人總是習於讓它失衡、不成比例？我開始嘗試翻轉這僵固已久的主從關係，為了每天能到湖邊走走，刻意把事情排開，讓自己每天有一段獨處、重整歸零的時刻。

仰頭望著天空，天空有時像一片藍得無邊無際的海，白雲就像少女不小心遺落的薄紗，飄啊飄地落在這一片放肆的湛藍中。單純的藍與白，實在好看！身在這個能夠

■季節交替之際，樹的色彩變化總是讓人驚艷！

把藍天、白雪、湖泊、森林盡收眼底的國家，朋友們好奇：如果只能選一個，最愛芬蘭什麼？

我想來想去，是樹。

美學大師蔣勳曾提到，人的視網膜可以分辨兩千多種色彩；而來到芬蘭，絕對可以重新體會各種層次的「顏色」變化，大開視網膜極限。在季節交替之際，盡興靜觀自然界中的細微變化，得到的是一種安靜的感動。許許多多的顏色，是在台灣不曾看過的，綠有嫩綠、青綠、翠綠，黃也有鵝黃、淡黃、澄黃等等；光是白雪，在不同的時間點、不同的光線下，反射出來的白也不盡相同。

秋天黃海

靠近中央車站的那一片小樹林，在我心中有著不可取代的分量，我暗自稱它為「信任樹林」。緣於有一次在附近散步，邊拍照邊欣賞落葉，走啊走的，沒想到就這樣走進了赫爾辛基中央車站的月台，不用到正門口的閘門檢查票券，竟然直接踏上返回宿舍的歸途。

中央車站的月台沒有特別設置剪票口，人們可就當時所在位置鄰近的車站入口，直接進入月台。芬蘭為什麼令人嚮往？那一種無以名喻的舒適感，不是由高所得帶來的物質所堆砌，而是生活中感覺到的價值——「被信任」、「被尊重」。

九月底開始，每天從住處進入市區，從車窗望向

秋意的染缸，讓芬蘭的森林、小徑，繪染成一片金黃。

極圈森林為白雪覆蓋，就像被灑上糖粉般可愛。

「信任樹林」，總讓人興起「乾脆不去學校算了」的念頭，因為有一整片美不勝收的金黃色！枝頭上的葉子無一倖免於秋意的染紅，每一片葉的顏色就像是熟透了的柿子，黃的飽滿，黃的無法無度。走在林中抬起頭，整片天空幾乎被遮蔽，連地上也是，小徑、頭頂、眼前、腳下，全是黃。落葉灑落在綠色草坪上，綠也變得稀稀疏疏，世界染成了黃色。

寧靜白林

芬蘭人總說，走一趟北部，才能看到「真正的」芬蘭（True Finland）。此話果然不假，到了芬蘭北邊，自然環境更加「精簡」。若從赫爾辛基搭火車到拉普蘭（Lapland），十多個小時的車程中，窗外是千篇一律的森林，不然就是數之不盡的湖泊，看到麋鹿的機率比看到人還高出許多。

與室友到芬蘭北部拉普蘭的旅行，除了拜訪聖誕老人

村、極地博物館，便沒有安排其他行程。第二天，閒得發慌的我們，決定來趟徒步之旅——在零下低溫中，步行到附近的山丘上。

前一晚下大雪，樹林被一層厚厚的白雪覆蓋，斜在天邊的太陽一點作用也沒有，一夥人在森林裡漫無章法地亂走。負十三度的低溫下，從一開始嘻嘻哈哈，到後來每個人都全身凍僵，說不出話來。終於找到森林裡的公用木屋，趕緊生火取暖，也順便把沒有知覺的雙腳在火上烤一烤。

這一短暫停留，恰巧發現一個木製的眺望台。木梯十分陡峭，看來不常有人使用。爬上高台後，俯視一整片極圈森林的剎那，讓人幾乎停止了呼吸，雪把天、地、樹林連成了一塊兒，寒冬中的每棵樹卻絲毫不為所動，像在白雪下面冬眠了一樣，又像被灑上了糖粉，說不出的可愛、平和。

碎形黑和希望綠

入春之際的幾個禮拜，是樹在四季中姿態最為特別的時刻。這個尷尬期說長不長，剛好是雪漸融、但溫度還沒升高的幾週，此時葉子新芽仍未長出，可清楚看見樹枝沒了葉子遮蔽、光禿禿的整個形狀。就像水墨畫般，樹幹最粗，延伸出來的樹枝一根根慢慢錯節開來，「碎形」一直往天空延伸、再延伸，末端的樹梢可以碎到極細。每棵樹就像自然界的雕塑品，搭配詭譎多變的天際色彩，精緻、獨特又動人。

長達數月身處在負十多度的氣候裡，只要溫度上升個一兩度，馬上就能感覺到。然而，芬蘭的春天卻很難察覺，因為氣溫一直不見起色，等到恍然發現雪走得無聲無息，才猜測春天大概到了。春天裡，樹上的新芽在枝頭上一一冒出，過去自然課用培養皿讓綠豆「發芽」那檔無聊事，在芬蘭是一次全新的體會。經歷過死寂的虛無後，整個社會氛圍因為氣候萎靡了整整半年，發芽這件小事，成為象徵強大生命力爆發的時刻。

每一株芽就像嬰兒一樣稚嫩，珍惜每一個得來不易的生命力，對芬蘭人顯得格外重要！季節交迭，讓芬蘭人每一年都得面對失去，一年後又能有新的開始。大自然無情的變換，雖然殘酷，換個角度想，或許是另一種恩賜。

上：碎形的枝幹，像是自然界的雕塑品。
左頁：嫩綠、青綠、翠綠交疊，生命力的萌芽是一種恩賜。

天花板上的太空船、旋轉泡泡椅、甜甜圈椅，還有一台造型可愛的借書機，
芬蘭的「設計」是融入生活、融入需求、解決問題的一種態度，
適切地在各個細節上發揮點綴的美感，
也讓我重新去思考、想像一個圖書館的可能性。

寧靜選舉和甜甜圈閱讀

新年過後，和友人前往芬蘭西南邊的土庫市旅行。天還暗著，我們搭上五點多從赫爾辛基出發的火車，正逢永夜的二月，大概要到十點左右天才完全亮。在零下十幾度低溫抵達了土庫，一走出車站，又暗又冷教人直打哆嗦，只好先躲在 kiiosk 超商取暖，邊翻閱看不懂的芬蘭文雜誌，邊把玩著憤怒鳥玩偶，等待天明。

一八一二年以前，土庫是芬蘭的首都。一八〇九年瑞典、俄國大戰後，芬蘭易主從領地成了大公國，新東家俄國為了削弱舊主的勢力，把首都移到了赫爾辛基，土庫自此失去昔日的光環，卻不減她身為古都的魅力。

隨著太陽升起，柔和的陽光灑下來，讓人看清了土庫的容貌。不加雕飾的古堡訴說著瑞典統治七百多年的歷史，雖是昔日首都，實則是個十分古樸的小鎮。

雖然寒冷，但天空無盡的藍讓人心曠神怡，一些薄得像霧的雲點綴著藍天，幾個月下來的白雪覆蓋了整個小鎮。沿著河畔走，除了建築牆面的色彩、岸邊的紅色救生圈特別顯眼之外，每樣東西好像都克守本分地停留在它最初的色澤上。兩三隻海鷗在岸邊欄杆上跳著，一會兒振翅飛走，完全結凍的小河裡，兩艘船彷彿來不及逃出一般，困在河中。

雪地裡的一切，對於從亞熱帶來的我們是那樣的新奇，儘管冷，心中卻是掩不住的興奮！我和朋友撿了一大塊雪塊，往空中一丟，雪鬆鬆的像保麗龍碎了開來，黏得衣服上都是。我們哈哈大笑，這動作現在想來有些幼稚，但不知為何，在那樣的時空裡，人不自覺就那麼做了。大自然的美，讓人回歸到一種單純的狀態。

一場寧靜的總統大選

遠遠見到一棵大樹下，八張相同規格的照片陳列在布告欄上，是芬蘭總統大選的文宣品。適逢台灣第十三屆總統大選，芬蘭也正好在進行總統選舉。沒有任何口號、政見及張牙舞爪般的放送，芬蘭的總統候選人照片上只有姓名和競選登記號碼。走進當地圖書館，難得見到湧現的人潮，原來我和朋友碰上初選週，圖書館是投票所

據點，一些人正在投票，一些人則在投票所外交談，不算吵雜，更完全沒有台灣投票所那種肅殺之氣。

芬蘭總統大選採兩輪制，各有「一整個禮拜」的時間讓民眾投票。八位候選人編號從二號到九號，候選人中，以國家聯盟黨的尼尼斯托和綠黨的哈維斯托最受矚目。據一位也在芬蘭交換學生的政大新聞系友人的說法，芬蘭人投票是在紙上

上：結凍的小河上停著兩艘船。
中：土庫街道的建築牆面，在白雪中突顯鮮明色彩。
下：二〇一二年芬蘭總統大選的候選人文宣。
左頁：土庫市立圖書館。

手寫候選人的編號，為了避免「1」與「7」混淆造成的麻煩，所以不用一號，另外一個原因則是避免「I'm number ONE」的多餘遐想。

台灣很多學校都有規定，校內不允許談論宗教、政治話題，但在芬蘭校園裡，表達自己的政治立場，好像也沒什麼大不了的。我的英文老師在下課時，侃侃而談他心目中理想的總統候選人及政見；音樂院裡的同學為了替哈維斯托拉票，錄了一段影像公開在網路上為他宣傳；有些學生的背包上，甚至還別著哈維斯托頭像的小徽章。西貝流士音樂學院與芬蘭藝文圈一面倒地支持哈維斯托的理由是：這位同性戀候選人的政見，將帶給芬蘭社會更多人性的想法與建設。

雖然哈維斯托最後敗選了，讓很多同學們十分傷心，但這一場勇於表態、卻安安靜靜的選舉活動，讓來自台灣的我想了好多。

讓人不想離開的圖書館

冬天的低溫讓旅行充滿阻礙，在室外逛了一會兒，忍不住就想躲進室內。為了擁抱暖氣，我第一次走進芬蘭的大型圖書館，這是土庫市立圖書館（Turku Library），外部的白色建築並不特別搶眼，進入後卻發現別有洞天。

走進圖書館，迎面看到的是一大片透明玻璃外的雪景，館裡許多人來回走動，但更多人坐著沉浸在閱讀中。寬敞的空間、舒適的座位，加上整面玻璃所提供的良好採

光，讓牆邊的閱讀區坐滿了人，讀累了就看看窗外，放鬆一下。

我發現有不少運用巧思的角落，是為了兒童刻意布置的：幾本特別有趣的小書被立起來，吸引小朋友的目光；書架旁有一個小展示櫃，裡面擺放一些小玩偶、小玩具；天花板上的太空船，以及旋轉泡泡椅、甜甜圈椅，增添一番趣味；為了讓小朋友自行借書還書，館內還有一台造型可愛的借書機。而兒童閱讀遊戲區是由幾個書架隔起來的小空間，媽媽可以帶著寶寶看繪本、玩玩具。

在這間圖書館裡，處處讓人感覺到「很想閱讀」的氣氛，透過整體空間的規劃與搭配，書本也不再是冷冷的知識。

二〇〇六年芬蘭獲得ＰＩＳＡ（國際學生能力評估計畫）評比的亮眼成績，包含自然科學領域第一，數學及閱讀第二。芬蘭教育署（The Finnish National Board of Education）專員 Henrik Lauren 說道：「芬蘭在二次世界大戰後體認

右頁：彩色甜甜圈椅和落地窗。讀累了，可以看看雪景休息片刻。
上右：閱讀泡泡椅。
上左：閱讀區一角。

到，唯有教育才能重建戰後家園。雖然芬蘭賺取百萬年薪的世界知名足球好手不多，但全國上下都知道書中自有黃金屋的道理。」

芬蘭是閱讀人口比例很高的國家，除了人民本身對於閱讀的重視外，我想，與他們圖書館管理者的遠見也很有關係。芬蘭的「設計」是融入生活、融入需求、解決問題的一種態度，就像土庫市立圖書館的所有規劃，適切地在各個細節上發揮點綴的美感，當然帶動了市民閱讀的意願，也讓我重新去思考、想像一個圖書館的可能性。

為什麼芬蘭不見「長得一樣」的東西？
因為沒有人拿一把尺做標準，來衡量另一個人的能力；
反之，重視的是個人創造力，並提供舞台，
讓每個人都有機會創作，使創意如百花般綻開。

人人都是設計師

雪來得晚了。曾經在十月就降下瑞雪的芬蘭，今年直到一月才開始飄雪。雪連續下了幾個月後，溫度總算開始慢慢回升，然而三、四月的融雪期，反倒是一年裡生活最艱辛的。雪被踩得稀爛後硬成一團，濕濕滑滑地難以行走；雖然溫度上升了，偶爾還是有刺骨低溫，不穩定的天氣讓大家躲在室內不願出門。

但短居的學生哪允許太多猶豫？每一次的假期都要好好把握！難得的復活節，我和室友拜訪了波爾沃（Porvoo）。

波爾沃建於十三世紀，是個以「航運古城」名號吸引旅客的中世紀小鎮。鎮中心有條河川流經，兩旁小屋毗鄰河畔依坡而建，錯落的赭紅色木屋是小鎮最大的特色。

我和朋友從巴士下車處慢慢步行到鎮上，遠遠地聽到教堂傳來匡噹匡噹的鐘響，那一刻，心突然被搖動了一下，我終於聽到了「真正的」教堂鐘聲！

幾個月前，我深陷在一首岡德雷琴曲的泥淖中，因為我無法將仿擬鐘聲的樂段揣摩好。辛妮卡（Sinikka Kontio）老師苦思許久，她後來猜測，我的耳朵可能不曾感受過真正的鐘聲，苦無辦法之下，她東翻西找，拿了一片東正教教堂的鐘聲錄音。播放鍵一按下，鐘響擺盪，若有似無的旋律迴繞在整間琴房，餘音殘留在琴弦上，微微振動著……。那次的聆聽發揮了效用，那首曲子開始有了轉變，但於我，對鐘聲的嚮往不曾忘記，沒想到這一次旅行，意外達成了一個小願望。

波爾沃一景。

誰是設計師？

鐘聲殘響仍在耳邊，一路愉快地走到鎮上主

上：姊弟檔設計師和他們的作品。

左頁右：凱莎的米老鼠盤子。左頁左：用地板建材折成的手拿包。

要小巷，兩側一排漆著淺顏色的木屋，幾乎全是手工藝品店。尚未走入，就不時被店外的小物件吸引，一隻襪子、一隻假鳥與彩色羽毛的裝飾品、一個裝滿小禮物的竹籃……。入口木門上通常都有裝飾物，比如一個小花圈，可愛的模樣像在召喚著我們入內參觀。推門進去，是個小小的空間，在芬蘭的小店裡，進門的第一眼不會是「X％off」，而是親切、和諧、不多的商品陳列，可以悠閒地隨意走走看看。

店內一面牆上懸掛著玉石首飾，但商品仍以居家用品較多，主要的圖樣是由四到五種不同顏色的圖畫造型變化出來的，它們共同的特徵是濃濃的拙趣。由歪斜線條表現的小豬、蝴蝶、捲毛綿羊、輪子大小不一的汽車，在原木杯墊、毛巾、餐盤、鑰匙圈上都印了這些小圖案。

我很好奇作者是誰，櫃檯小姐笑著指了指作品旁的小立

牌，上面有兩張照片，告訴我「設計師」是一對姊弟倆，一位七歲，一位十七歲。他們倆是老闆的姪子和姪女，老闆喜歡他們所繪的小圖，就將這些隨手塗鴉蒐集起來，送到工廠轉印在各式商品上。

剛到芬蘭時，我經常流連赫爾辛基市區，無論是林立市中心的大品牌旗艦店，或是小巷弄裡的獨立小店，琳瑯滿目，看著看著總讓人疑惑起來——為什麼芬蘭不見「長得一樣」的東西？直到光顧波爾沃這間店後，頓時豁然開朗，因為小朋友也可以設計東西。在芬蘭，人人都可能成為設計師。

除了姊弟檔之外，另一家店的幾件商品也讓人有同樣的感覺。一組看起來與「米老鼠」有幾分神似的杯盤，是由雙腿截肢的漫畫家凱莎（Kaisa Leka）所設計，米老鼠是她漫畫中的主角，實則是凱莎自己的縮影。這本漫畫記錄了她穿著義肢和先生單車環歐的過程，後來作品受到當地政府重視，米老鼠被買下版權，做成了杯盤販售。另一區的其他特殊商品，像是以環保為設計理念的設計師，用廢輪胎做成耳環和髮飾，連裝潢後剩下的地板建材，都可以拿來摺成手拿包。

芬蘭設計，讓我有了新的體會：沒有人拿一把尺做標準，來衡量另一個人的能力；反之，重視的是個人創造力，並提供舞台，讓每個人都有機會創作，使創意如百花般綻開。

愛吃小蛋糕的詩人

「那是魯內柏格最喜歡的小蛋糕。」端詳著陳列架上一個藍底馬克杯，心中正納悶杯身上滿布的「紅點」是什麼，身後那位戴紅色鏡框的女士為我解了惑。

她走向前，順手拿起旁邊一盒撲克牌，說：「這就是他。」紙盒上一個水彩手繪的男肖像，臉上露出淺淺的微笑。這盒紙牌和馬克杯底色一樣，泛著淺藍，打開紙盒倒出來的每張撲克牌，背面全是「小蛋糕」。

魯內柏格（J.L. Runeberg, 1804~1877）是芬蘭很重要的詩人，他也是芬蘭國歌《我們的國家》（Maamme）的作詞者。記得第一次看到這個名字，是在學校發的芬蘭文行事曆上，「魯內柏格日」（Runeberg Day）被清楚地標記在二月五日的日期下。二月五日是魯內柏格的生日，芬蘭稱之為「詩人節」。當時我陷在芬蘭文與英文夾雜的音樂文獻裡，神智不清地把兩個字首有點像的字——Runeberg與runolaulu（古芬蘭文詩歌）混淆，以為是「詩歌節」。直到聽到芬蘭同學們討論，才化解一場英文、芬蘭文的大誤會。

巧的是，魯內柏格和古芬蘭文詩歌並非完全沒有關係。他與採集古芬蘭文詩歌的隆

右：魯內柏格畫像撲克牌和滿是小蛋糕的馬克杯。左：這就是魯內柏格最喜歡的小蛋糕。
左頁：波爾沃鎮上的變電箱彩繪。

諾是大學同窗，隆諾比魯內柏格大兩歲，一八〇九年兩人尚在孩童階段，便經歷了瑞典戰敗、芬蘭被劃為帝俄國土的艱苦歲月，十九世紀浪漫主義所催生的國族情感，使兩人在各自的領域皆有一番作為。

魯內柏格的祖先是瑞典移民，從小在家中講的是瑞典語，直到上大學後，他為了補貼自己的生活費，利用暑假到芬蘭中部擔任家教老師，接觸了當地的農民，質樸的農村文化與迷人景致，強烈地觸動了他。每天生活在講芬蘭語的場域裡，也聽到許多故事，這些素材後來深深影響了他的詩作。

波爾沃居民對鎮上這位名人感到特別驕傲。一八八二年，魯內柏格的家對外開放參觀，是芬蘭第一個「故居」形式的博物館，就連魯內柏格生前最喜歡的小蛋糕，除了印製在商品上，食譜也被完整地保存、流傳下來。

在設計小店老闆的指點下，我們找到了鎮上這一間古意盎然的甜點店，發現了魯內柏格的小蛋糕，它和其他款式的甜點一起在透明圓形的展示窗裡旋轉著。小蛋糕酥黃的塔皮內有些果仁，中心填滿了厚厚的覆盆莓醬，表面外圍一層糖圈，樣子十分可愛。吃起來有點乾，不過味道還不錯，據說魯內柏格喜歡把小蛋糕當早餐。

我和室友坐在窗邊的木質椅子上，邊吃著甜點，邊享受在波爾沃小鎮最後的時光，分享彼此買下的設計小玩意，回味著作品背後那些感動的故事，這些點滴足以珍藏在心中一輩子。

小販沿路兜售五顏六色的汽球，一旁的街頭藝人奮力演奏；
年輕人穿著屬於自己學校的連身工作裝，坐在草地上喝酒、聊天、彈吉他；
人人有志一同，不分男女老少，紛紛戴上了白帽。
Vappu 是芬蘭人為季節更迭、春天到來，表達喜悅之情的狂歡節。

五一狂歡節

一月底，新的學期開始，辛妮卡老師拿著行事曆，和我討論岡德雷琴期末發表會的時間。

「訂在四月底好了。考完試，你就可以戴著白帽，和朋友到碼頭那邊參加 Vappu。」她說。

不知多少次聽到芬蘭同學提起 Vappu 這個活動，但我始終搞不懂白帽、啤酒、白教堂這幾件事情的關連性。然而，從他們興奮莫名的口氣，以及臨界噴發邊緣的喜悅，也能感覺到這個節日之於芬蘭人的特殊意義。

Vappu 是芬蘭勞工節，也是高中生畢業日，每年五月一日，全芬蘭各地都有慶祝活動，不僅學生，老師們也為之瘋狂！除了辛妮卡老師刻意將考試提前，連樂器製作課的提摩老師，也特別要求學生趕在四月底前把樂器完成。我問他 Vappu 當天有何計畫？他露齒而笑，說：「我要到白教堂喝啤酒！」

洗雕像、戴白帽

永夜以來的幾個月，每天還沒到下午四點，系館就呈現一片冷清清的狀態，人人都趕在日落前回到家。隨著時序向春天推進，景色悄然改變。天空褪去灰濛的憂鬱，漸漸轉為無際的藍，枝頭上冒出嫩綠新芽，海鷗嘎嘎地盤旋空中，好像在宣示屬於牠的季節到了。整個冬天萎靡的芬蘭同學也漸漸甦醒起來，琴房的燈光不再是三、四點就暗了。Vappu 是芬蘭人為季節更迭、春天到來，表達喜悅之情的狂歡節。

四月三十日，一如往常，我一早背著琴準備進音樂中心練琴。走近門口，發現平時轉動的旋轉門固定在原地，平時絡繹不絕來看表演、用餐、參觀的民眾，也不見半個人影。音樂廳售票口全數關閉，只剩詢問區窗口開著。搭電梯上到系館，沒有任何學生，彷彿一座空城。

音樂學院的學生勤於練琴是眾所皆知的，即使之前因總統大選以音樂中心做為媒體轉播站而封館，學生們仍不死心地設法取得工作卡闖進琴房。但顯然 Vappu 意義更

為重大，音樂中心早就人去樓空，因為今年尤其特別，是由西貝流士音樂學院擔任儀式的負責學校。

活動地點位在港邊，一路上洋溢著熱鬧、青春的氣息。待在芬蘭幾個月來，除了Stockman（芬蘭最大的百貨公司）歲末大特價之外，第一次見到這麼多芬蘭人同時湧出。我心想，要不是這個節日，還真不知道這個城市原來住了不少人口。

小販沿路兜售五顏六色的汽球，一旁的街頭藝人奮力演奏，用琴聲頌讚春天到來的美好。年輕人穿著屬於自己學校的連身工作裝，褲管上布滿闖關遊戲成功的徽章，他們坐在草地上喝酒、聊天、彈吉他。路上不少著戲服的芬蘭人，舉止行徑怪異、大膽，實在難以聯想他們平常文靜、靦腆的一面。人人有志一同，不分男女老少，

右上：平常文靜的芬蘭人，在 Vappu 當天完全變了個樣。
右下：男女老少都戴上了白帽。
左上：年輕人穿著自己學校的連身工作裝，玩闖關遊戲。
左下：到處都是氣球小販。
左頁：吊車把學生吊起，準備洗港口邊的雕像。

紛紛戴上了白帽。不少上了年紀的長者手拿「當年」那頂白帽，跟著遊行，白帽可是青春歲月、年少輕狂的見證啊！

人群慢慢從花園大道（Esplanadi）綿延至市政廳前面的廣場，被稱為「波羅的海女兒」的阿曼達（Havis Amanda）青銅雕像矗立在噴水池中央，吊車、起重機、轉播車已在一旁等候，準備進行「洗雕像儀式」。站了一會兒，人群中開始有些騷動，總統出現了！他站在碼頭前的建築露台上揮手致意，準備和民眾一起歡度、等待六點的戴帽儀式。

雕像附近，一台載著樂團與合唱團的卡車開始演出銅管樂，合唱團的歌聲也感染了現場群眾，不少人跟著唱和。只見卡車上一個男生向我猛揮手，是吹長笛的西班牙鄰居。數個禮拜前，學校曾來信徵召合唱團成員，由於我不諳芬蘭語捲舌音，沒能參與，沒想到幾個管弦樂系的鄰居都參加了！

巨大吊車吊起了四層樓高的吊籃，上面站了一個熟悉的面孔，他是常在學校碰面的老師；穿著全白工作服的學生，由另一台吊車「掛」在半空中，準備拿刷子洗雕像，每個人臉上掛著燦爛的笑容，透露了他們的喜悅與榮耀。站在底下看的我，也與有榮焉。

六點整，所有的人一起戴上白帽（包括雕像），然後慢慢移動到白教堂前面，繼續喝酒。芬蘭人平時就酷愛啤酒，Vappu 帶來的好天氣、好心情，更讓他們通宵達旦地暢飲。

啤酒加野餐，另一種春吶

五月一日當天，氣溫依然維持在十度左右，但風和日麗、艷陽高照，從中央車站走出來，沿路的綠地上有不少人就地野餐，其餘的人正往岸邊的卡伊沃公園（Kaivopuisto Park）前進。

卡伊沃公園依著微微隆起的山丘而建，

上：博物館前的馴鹿也被戴上了白帽。
左頁：Vappu 當天，芬蘭人在港邊公園野餐，盡情享受陽光。

是市區裡地勢較高的區域，另一側是房價昂貴的使館區。爬到最高處，可以一覽赫爾辛基海灣的全貌，依稀可見「芬蘭堡」（Suomenlinna）及其他波羅的海上的小島嶼，也可欣賞停泊在港邊的兩艘往斯德哥爾摩及塔林的巨大遊輪。樹下、裸石上布滿了人群，戴著白帽整夜暢飲的芬蘭人沒有宿醉，一早仍出門野餐，與家人朋友在自然美景中共度。

這個由白帽、吊車、啤酒、萬人野餐共構的節日，也許是文化隔閡，也或許是亞熱帶人民不了解寒帶居民殷切期盼春日的心情，雖然參與其中，卻不解其中況味。在台灣，現在想來，這種大型「動員」似乎脫不出宗教或政治性質。也許活動本身，某種程度上也透露了人民心中深處的缺憾與渴望吧。

到了北國，得適應全然不同的氣候，結交新的朋友，學習新的語言。來自世界不同角落的人，手牽著手走過一段共同的路，有了一段直到年老，還能述說、懷念的故事。交換學生，也彼此交換了人生。

那一年，這一寢

學校之外，宿舍是生活另一重心。

從帕西拉車站步行五分鐘，便可到達這兩幢學生宿舍。此建築屬赫爾辛基租賃單位HOAS所有，提供住所給在赫爾辛基地區念書的學生。一收到入學許可，大部分的國際學生會立刻申請HOAS的住宿，約有百餘人居住於此。

大宅院

宿舍共九層樓，格局有六人房、三人房與單人房，內有衛浴、廚房，如台灣一般小家庭的配備。室友們同樣是音樂學院的學生，幾個鄰居也是，平日生活除了聊聊學校之外，也互通有無，小至麵粉、烤盤、啤酒，大至演出服、雪杖，就像個熙熙攘攘的大宅院，每天鬧哄哄的，哪層樓的誰今天出了什麼事，很快可以知道。

幾戶鄰居，對面寢的兩位赫爾辛基大學的西班牙學生，與我們甚為要好。念物理系的西班牙男生，因比利時室友經常播放高分貝搖滾樂，他只好帶著他的量子力學課本按電鈴，一個人坐在我們的餐桌前埋頭苦幹；另一位心理系的西班牙男生，總是一副撲克牌不離身，見人就要人抽張牌，宣稱可以透視對方的心理狀態，每天以此為樂。隔壁一位學長笛的同學，也老愛來串門子，他是個同志，除了演奏之外，另一個興趣是用漫畫記錄生活。他的漫畫喜用大膽、帶有幻想的配色，完成後就貼在我們寢室的冰箱門上。

生日派對、送別派對、文化派對等等幾乎每週都有，有時在某間寢室，有時在交誼廳。一次，室友們為了讓寢室更熱絡、更了解彼此的國家，興起了辦「家鄉味派對」的念頭。原先計畫每人準備一道菜，來個雅致的晚餐便罷，沒想到她們又各自邀了朋友。那晚，竟然來了近百個人！晚餐時，像個小聯合國一樣，每個人帶著自己的家鄉味（當然也有人買了冷凍披薩敷衍了事），有義大利手工比薩、西班牙馬鈴薯蛋餅、英國家庭蛋糕、雞尾酒、丹麥麵包、挪威起司、焗烤德國香腸、肉球、馬芬蛋糕……，滿坑滿谷的食物，光看就眼花撩亂了。

上：國際菜餚日，宿舍學生歡聚一堂。中：台灣代表隊祭出的魯肉飯。
右下：西班牙室友為大家做馬鈴薯派。下：與室友一起用餐的幸福。

城裡的舞廳 Tiger 逢週日免入場費，鄰居們一心血來潮，就吆喝著大夥兒進城。英國室友尤其熱衷跳舞，週週報到。出門前，她們換上小洋裝，畫好濃妝，喝得微醺才出門。為此，她們花了大把歐元置裝與買酒，據她們的說法是，舞廳使她們放鬆。我雖也去了幾次，卻不解其中奧妙，還是偏好跑到樓下寢室找鄉親喝茶聊天。

桑拿

據統計，五百多萬人口的芬蘭，有兩百萬個以上的桑拿。

宿舍頂樓有個約二、三坪大的小桑拿，原木建造，烤熱的石頭堆置於一隅，一旁有木桶、舀匙。十一月起，氣溫慢慢降到五度以下，同學們久聞桑拿文化，個個躍躍欲試。晚上六點鐘，宿舍樓梯間三三兩兩都準備去洗桑拿，有的穿泳衣，有的僅披著一條浴巾，紛紛往頂樓爬。桑拿超越交誼廳，成了宿舍最熱門的地點，時常一位難求。

傳統桑拿必須脫到一絲不掛，才能達到預期的效果。有句話說：「芬蘭人不跟陌生人說話，但他們會赤裸裸與陌生人一起洗桑拿。」實在一語道破芬蘭人的個性，以及桑拿浴的驚人魅力。芬蘭國會甚至有「桑拿外交」的傳統，過去幾位總統，都曾邀請外國領導人進桑拿商談國事。芬蘭人認為，赤裸相見下所做的承諾，更加可靠。

桑拿房內漫著白楊木香氣，彷如沐浴在森林中，拿舀匙將水澆在炙熱的石堆上，熱氣瞬間迸發綿延開來，坐在木榻上，用全身肌膚迎接八十度的熱浪，毛孔被催著呼吸。大約五分鐘左右，熱得受不了的人開始按耐不住，接連奪門而出，到外面開了水龍頭，猛澆冷水。身體冷熱反覆交替，是桑拿的目的，一來透過毛孔收縮調解體溫，也可以使皮膚變好。

國際學生頗能入境隨俗，但素昧平生便袒裎相見，難免還是有些不自在，幸好室內昏暗，減少了幾分尷尬。桑拿房內，除了反覆挑戰自己的耐溫極限，也能結交朋友，聊聊彼此、生活和自己的國家。這種前所未見的社交方式，特別有意思。

昏暗的桑拿，是芬蘭人面對寒冬不能或缺的家庭良伴。

餐桌

我的五個室友全主修西洋樂器，三個來自英國，一個來自西班牙，一個來自丹麥。

學樂器，除了上課之外，還需要花大量的時間練習。音樂學院的琴房使用，採網路登記的方式，芬蘭文的線上作業系統，讓不懂芬蘭文的人只能隨機找空琴房，要不就跑回宿舍裡練琴。三把長笛，加上豎笛、短號各一隻同時響起，常常招致鄰居按門鈴抗議。但也有對音樂感興趣的人，有時聽到某間房裡傳出支離破碎的笛聲，大概又有室友在做敦親睦鄰的工作。

繁忙的一天中，唯一能湊在一起的是用餐時間。芬蘭物價高，每天下午從學校離開，第一件事便是上超市買食材回家做晚餐。餐桌上，每人占據一角，切菜、搗泥、攪拌，各忙各的，七嘴八舌分享學校發生的趣事。不知何時開始，廚房桌上開始出現烤好的蛋糕，像講好似的，有空閒的人開始研究不同口味的蛋糕，睡覺前切一小片配壺熱茶，甜甜的滋味陪伴入夢。廚房裡的笑聲與香味，是交換生永難抹滅的回憶。

原以為歐洲大陸交通便利、旅遊發達，各國應該彼此熟悉，沒想到除了丹麥室友，其他人都是第一次到芬蘭。英國室友說芬蘭太冷，不是旅遊首選的國家。

到了北國，得適應全然不同的氣候，結交新的朋友，學習新的語言，密切的寢室生活，一同體驗許多第一次：一起搭7B輕軌上學，一起逛赫爾辛基大街，一起吃小黑糖冰淇淋，一起學芬蘭文，聖誕節前一起飛進北極圈拜訪聖誕老人，遇上第一場雪一起尖叫、擁抱……，我們彷彿重生了一次，一起認識這個新的國家。

這段美麗機緣，讓來自世界不同角落的人，手牽著手走過一段共同的路，有了一段直到年老，還能述說、懷念的故事。交換學生，也彼此交換了人生。

我參與他們每週三的「青年工作日」，對象是索馬利亞孩童，工作內容很單純，只需要陪他們做作業、聊天和完成當週的活動。語言的隔閡，讓我沮喪了好久。但運動，好像成為另一種超越言語的溝通。

志工小日子

為了替台灣一個藝術基金會與芬蘭的社福團體洽談合作事宜，有機會一訪芬蘭當地的非政府組織。後來雙方雖因為經費問題取消了合作計畫，我卻因此展開一段音樂之外的志工生活。

社福團體在鄰近我居住的帕西拉區有個據點，名為「市民活動中心」（Asukastalo）。馬庫斯（Markus）是這個團體的負責人，大約三十多歲，一頭鬈髮，笑容可掬。其他三位成員，包括三十多歲的女士寶拉（Paula），她白天在一間學校做行政工作，晚上來當志工；四十多歲的湯米（Tommi）身高有一八〇公分，棕色鬍子毫無秩序地布滿整個下巴，他講話不知為何容易結巴，但人十分親切，喜與人聊天；最老的安第（Antti）大概近六十歲吧，及肩的頭髮紮個小馬尾，是個傳統的芬蘭人。我向他自我介紹時，他有些慌張，用英語跟我說「我不會說英文」，之後就再也沒和我說過話。

索馬利亞日

由於帕西拉區是索馬利亞新移民的聚落之一，活動中心主要的服務對象是「索馬利亞族群」。馬庫斯希望我參與他們每週三的「青年工作日」（youth work），對象是索馬利亞孩童，工作內容很單純，只需要陪他們做作業、聊天和完成當週的活動。活動中心在每個禮拜會設計一些活動，來增加小朋友課餘的知識與生活經驗，像是看電影、烹飪、彩繪社區牆壁、音樂遊戲等。

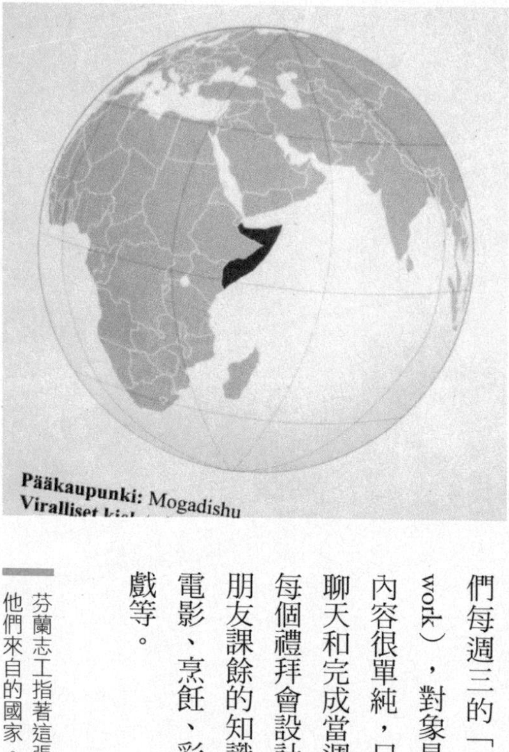

芬蘭志工指著這張圖，告訴索馬利亞小朋友，他們來自的國家。

索馬利亞人是芬蘭新移民族群的大宗，主要是尋求政治庇護。根據統計，近十年來他們的移民人數劇幅增加，從二〇〇七年一五〇五位，二〇〇八年增至四〇三五位，到了二〇〇九年的前半已收到四〇三五位申請者。索馬利亞人大多信仰伊斯蘭教，不同地區的穆斯林在衣著打扮上稍有不同，芬蘭的索馬利亞移民服飾是黑長裙配黑頭巾，除此之外沒有多餘的裝飾。

週三晚上六點我準時報到，按了門鈴等待，不到一分鐘，一個女孩衝向門口幫我開門。走進裡面，十幾個孩童有男有女，年齡約在八到十五歲之間，每個人都瘦瘦高高的，正進行各自的活動。馬庫斯把他們聚集過來，想向他們介紹我的名字，但他們卻不太理會我們。

很快地，我發現一個事實，那就是——我和小朋友無法溝通。

怎麼說呢？這些小朋友多是新移民的第二代，母語是索馬利亞語，在學校接受的是芬蘭語教學，雖然有英文課，但他們沒有機會練習，可能因為

索馬利亞文化日的帳篷布置。

講起來彆扭而不願開口。後來我發現遇到困難的不只我一個，另一位來實習的匈牙利女孩也遇到同樣的狀況。

匈牙利女孩多瑞娜主修社會服務，為了論文中的實務研究章節，企劃了一個「索馬利亞文化日」活動。她借了一頂園遊會用的大型帳篷，把帳篷搭在客廳裡，帳篷外用了暗色花紋的布料蓋滿，帳篷口用多餘的布弄成帷幕，裡面鋪上地毯，再擺上幾個索馬利亞的工藝品。

文化日當天，每個小朋友都很興奮。小女生跳脫平時深沉的黑衣黑裙，穿上最華麗的衣服出席，一個穿著海藍色裙裝的小朋友掩不住喜悅地說：「這是婚禮時才會穿的！」許多媽媽也準備了傳統食物分享。飯後，只見他們全擠在門前，走近一瞧，原來芬蘭志工正向他們解說索馬利亞的「地理位置」。瞧他們看地圖的神情，我忍不住想著：遙想「家」的感覺是什麼？

無語的桌球

志工生活並無特別之處，小朋友除非有活動，不然做完功課後，唯一會做的事是上網。其中，唯一不熱衷上網的一個小男生，特別愛打桌球，而「唯一」義氣相挺願意陪他打球的女生，不是把球打上天花板，就是五球漏四球。

後來，我從觀眾變成了小男孩的球友，每週三是我們的練球日。

一開始，我們就是默默打著球，沒有交談，小男孩的桌球技巧十分純熟，他也知道我是可以陪他玩的人。我心裡一直思忖，是否該找機會進一步與他聊天。然而幾次的對話，都是停留在我問他答，而且他的回答總是十分簡短。

「你桌球打得很好，學校教的？」

「對。」

「你幾歲？」

「十一。」

「上次跟你打球的男孩，這週怎麼不見他來？」

「我不知道。」

小男孩的每個英文字感覺是硬擠出來的，我怕造成他的壓力，後來也沒再多問。我們又回復靜靜打球的狀態，沒多說話。

語言的隔閡，讓我沮喪了好久。但運動，好像成為另一種超越言語的溝通。幾個月來，他知道我某個角度的球特別容易漏掉，總愛在那個位置反拍擊破；我也知道他喜歡在某個點做長距離的殺球，撲接防守。這樣一來一往，不用講話，也可以打上

上：為任何需要幫忙的人敞開大門的社福團體。這是客廳一角。
下：索馬利亞女孩在志工協助下布置的女孩房。

Markus
SALAM
Bob
2010

一小時的球。

我快回國的某天，他竟然主動開口用英語跟我講話。

「Do you live in Itä-Pasila（東帕西拉區）?」男孩說。

「Yes, five minutes walking. And you?」我說。

「Me too, two minutes running.」男孩回答。

洋蔥的善意

女孩們特別喜歡自己動手做小蛋糕、點心，所以下半年時，烹飪課幾乎變成一項例行活動。有一天，大家決定烤披薩吃，在「聲稱」不會說英文的安第伯伯領導下，每個人按部就班。我移動到伯伯旁邊，看他備料、切菜，也看他麵糰與配料的比例。他給人的感覺架式十足，我猜他可能在餐廳廚房工作過，但我無法確認，畢竟他堅持不說英語。

女孩們弄好麵皮，一夥人往伯伯這邊靠過來，包括原本在

牆上貼著各式的活動照片與宣傳報導。

那的我，四、五個人一起看伯伯切洋蔥。突然，一隻手往我臉上而來——伯伯塞了一塊生洋蔥到我嘴裡。然後，他也放了一塊洋蔥到自己嘴裡，臉上露出一抹微笑。

「我不敢吃洋蔥！」我幾乎大叫出來。問題是，不說英文的他聽得懂英文嗎？那個微笑，讓我腦中瞬間閃過一個猜測：「這該不會是芬蘭人一種善意的表現吧!?」

有幾次，我在機構裡閒得發慌，路過廚房，無意間瞥見碗槽裡的髒碗盤，便順手揀起來洗。後來只要無聊，我就去找碗盤洗。當時並沒察覺有任何異狀，很久之後才有人告訴我，其實洗碗盤是安第伯伯的工作。

「洋蔥是因為我幫忙洗碗盤嗎？」我轉過頭，心裡糾結著是否該把洋蔥吐掉，還是答謝安第伯伯的善意把它吞下。

最後，我選擇了後者，以最快速度把洋蔥嚼爛。

沒想到，這一切被一個索馬利亞女孩目睹，比洋蔥更讓我意外的是，平常不太搭理我的她，竟然連問了三次：「Are you OK?」還一邊拍我的肩。

我咬著牙把洋蔥吞進肚裡，抬起頭，用滿是洋蔥味的嘴巴回答：「Fine.」

2

第二部 音樂教育現場

你想從芬蘭帶走什麼？

原來教育的「純粹」，是來自學校這些教育工作者的熱情與付出。從專人詳細解說的選課制度，到與系主任面談，「學習」比什麼事情都來得要緊。「教育」在芬蘭就如同服務業般，為每個人量身訂作。

選課，為我量身訂作

音樂學院每年有數十位來自世界各地的交換生，因為歐盟有「Erasmus 獎學金」補助的關係，使歐洲國家的交換生為最大宗，美洲其次，而亞洲部分，這年度只有我一人。因此在學校裡，常有一股「代表亞洲」的使命感，為了在國際舞台上尋求認同與肯定而給予自己的壓力，或許是台灣學生共有的。

每年的交換生來來去去，短則四個月，長為一年左右，但學校並不馬虎，對芬蘭學生、國際學生一視同仁，使每個人接受同等的照顧與關注，盡力提供專業的學習諮詢和優良的教育資源。

服務業般的選課

當年還在關渡就讀時，習慣在開學前一週和同學做選課戰略分析，在選課前一晚的半夜，又再次與同學做最後的討論與確認，羅列好課程清單後、貼在電腦螢幕上，設好鬧鐘，等待隔日。

學校八點整才正式開放網路選課，剛睡沒多久就得起床，帶著惺忪的睡眼開啟電腦，七點五十八分大夥兒就已準備搶灘，鍵盤不斷傳出扣扣聲，人人因焦慮而瘋狂輸入帳號密碼。為了搶課，每學期總有一次校際規模的「搶選課系統頭香」活動，同學們認為，犧牲一些睡眠換來的漂亮選課單，會讓新學期增添不少「期待」和「快樂」。

收到芬蘭的入學許可後，一邊準備申請簽證，也小心翼翼地留意選課日期，但不曉得為什麼，音樂學院的選課日一直遲遲未公開。抵達芬蘭後，新生訓練當天到國際學生中心報到，行政小姐協助我辦好手續，

西貝流士音樂學院的校徽，是一隻天鵝。

便提醒我得去找另一位行政人員「討論課程」，從她的敘述裡我才發現，所謂的「討論課程」就是選課。

戴紅框眼鏡的女士正講著電話，並示意請我先坐下。「到芬蘭目前為止還好嗎？覺得芬蘭冷不冷？」掛上電話後，她先問了我這些問題。

接著她登入電腦系統，問我想上些什麼課。我告訴她我心目中理想的課表，她敲敲鍵盤，逐一「幫」我選了課。她又開啟了一個文件檔，是民謠音樂系年度開課清單，開始解釋每堂課的授課老師背景與上課風格、內容，也針對我提出的課表與學習目標，給了我很多建議：她十分推薦辛妮卡老師的「岡德雷琴團體課」，她會引導學生即興演奏；來自坦尚尼亞的齊瓦拉拉的「世界音樂文化課」，主要是跳非洲舞、打非洲鼓……，這些課程她希望我全部參與，因為「那將會對妳有很大的幫助」。

有些密集課程是學期中才開課，開課時間尚未公布在網路上，查不到正確資訊，她便直接拿起手機撥給授課老師做確認，但仍有某些課的時間無法確定，她把授課老師的電話和信箱全給了我，要我隨時打給他們或傳簡訊。離開前，她希望我能和她保持聯絡，若有其他想上的課，她會盡可能地幫我「安排」。

我驚恐地拿著一張老師的手機清單離開，邊走邊想：芬蘭人竟對一個剛抵達不到

右上：新生訓練，為學生介紹課程、圖書館、電腦教室的使用。左上與下：教室一隅。

三十六小時的外國人有這樣的信任，這到底是怎麼樣的一個國家？

「妳想從芬蘭帶走什麼？」

新生訓練後，收到國際學生中心傳來的通知，要每個交換生去找系主任報到，討論學習計畫。

民謠音樂系的系主任哈努薩哈（Hannu Saha）是一位留著中長髮、英文帶著些許芬蘭腔的中年人，他是芬蘭民謠音樂復興的重要推手之一。我和他的第一次見面是在他的研究室裡，他的書櫃上擺了數把岡德雷琴。他首先關心的，仍然是我在芬蘭生活的適應狀況，像是天氣、飲食之類。接著他問了我一個問題：「妳在西貝流士音樂學院的這段時間，想從芬蘭『帶』走什麼？」

無論是行政單位或系所，都相當在意交換學生在停留芬蘭期間的學習目標，也因此刻意安排系主任和每個交換生單獨碰面、討論。

我告訴他，到芬蘭的目的之一，是學習傳統民謠樂器——岡德雷琴，並做一些相關研究，打算返台後分享。他立刻提供了幾篇文章及網站，有些是他撰文，有些是重要的文獻資料。他大致先告訴我芬蘭民謠發展的概況，以及他過去所推動的民謠復興運動的一些成果。

我離開前，他希望我若有任何問題要隨時與他聯絡，也說到若有必要，他也能配合訪問，所以盡情提出一切有關學習的需求。又抄了幾個人名及聯絡方式給我，是一些也從事民謠研究的老師，他說這些人可以幫助我。

常常在不同書籍中讀到芬蘭教育的理論方法，但當自己身處其中、受惠其中時，才真正體會到：原來教育的「純粹」，是來自學校這些教育工作者的熱情與付出。芬蘭人習慣把事情簡單化，不喜歡想得太複雜，在實事求是的態度下，執行的過程裡每個人各司其職，再透過溝通、協調，把每個環節整合起來，「教育」這件事也一樣。

從專人詳細解說的選課制度，到與系主任面談，「學習」比什麼事情都來得要緊。「教育」在芬蘭就如同服務業般，為每個人量身訂作。

主音樂廳的外觀是透明玻璃牆，民眾可以看到裡面的排練情況，這是為了體現音樂中心的「開放」精神。設計師希望，音樂中心不只是正襟危坐的室內演出，這棟建築物是蓬勃的文化中心，與民眾的生活有所互動。

二十年打造的音樂中心

初抵芬蘭，每逢假日便帶著相機隨興而至。永晝的季節適合旅遊，每天晚間八點，太陽仍斜掛天邊不願西沉。我佇足港邊的廣場，湖光水色讓人漸漸平靜，而岸邊的甲板上，停滿了數不清的白色水鳥，時不時露出睥睨的眼神，好像我擾了牠們清夢似的。

我在碼頭前喀嚓喀嚓拍了好多，一位芬蘭伯伯倏地從身後出現，熱切地問我是否想和港口合影？我當然想。他開始與我攀談，介紹廣場歷史，說這裡是芬蘭過去的政治中心，也是許多左派政黨活動的重要據點，又劈哩啪啦講到芬蘭目前的國會組

國家歷史博物館（上）和國會大廈（下），都是音樂中心的好鄰居，也是重要建築地標。

織，下面有哪些小黨等等。我猜想他或許對亞洲臉孔有些好奇。

聊了一會兒，我提到在音樂中心上課的情形，他突然露出驕傲的表情說：「今年音樂中心落成，我們終於有自己的音樂中心了！這對芬蘭的音樂愛好者意義重大！」這話倘若出自演奏者對新音樂廳的期待，還不致於讓人如此驚訝，沒想到卻來自一個上了年紀、看起來像一般市民的伯伯口中。

二十年的等待

赫爾辛基市中心有許多顯著的建築物，像是城堡尖塔的國家歷史博物館、羅馬式建築風格的市政廳、半圓弧形的現代美術館等，共構出這個城市的美好印象。

在音樂中心落成之前的音樂活動，主要在芬蘭設計師阿爾托（Alvar Aalto）設計的「芬蘭廳」裡進行。但芬蘭廳是定位在「多功能會議中心」的功用上，因此音響效果不佳，一直不是演奏家理想的演出場地。

一九九二年由西貝流士音樂學院正式提出「音樂廳」的需求計畫，但中間遇到一些波折，直到二〇〇二年才由赫爾辛基市議會拍板定案。兩階段的建築案競標就此展開，後來由來自昔日首都土庫的建築師拿下設計案，總監是年僅三十歲的建築師馬爾科．奇維斯托（Marko Kivistö）。

事實上，音樂中心預

上：從西貝流士音樂院望向窗外的景色。
左頁：音樂中心外圍的露天咖啡座。

定地附近的「鄰居們」，比如現代美術館、國會大廈、國家歷史博物館等，都是芬蘭重要的建築地標，如何在這些經典建築物中脫穎而出，又不能搶了光采，是設計師最大的挑戰。「音響效果的要求凌駕於其他」，成為音樂中心建造時的核心目標，因此由日本聲學大師豐田泰久（Yasuhisa Toyota）設計，他的作品有洛杉磯迪士尼音樂廳及東京三多利音樂廳。

主音樂廳的演出。觀眾席環繞著舞台往上建置，地面層有一排透明玻璃牆。

歷經十多年的討論、辯論，音樂中心終於在二〇〇八年動土，到了二〇一一年八月底才正式開幕。歷時大約二十年，花費約二億歐元。港邊伯伯語氣裡那種既期待又興奮的情緒，讓我明白，那是很長的等待呀！

二〇一一年八月的開幕日，由赫爾辛基愛樂管弦樂團、芬蘭廣播交響樂團及西貝流士音樂學院合唱團，在音樂廳演出《芬蘭頌》（Finlandia）。現場近兩千人的座位幾乎全數坐滿，芬蘭指揮家薩拉斯特一出場，觀眾席立刻響起如雷掌聲。他兩手往空中一劃，管樂低沉反覆的短動機響起，佐以定音鼓的輪奏與低音號，有雄偉，也有蒼涼，時而聽到千湖萬林景致，又有異國統治的悲悶。樂曲氣勢磅礡、慷慨激昂，末段轉為一段溫和的旋律「自由之詩」（Finlandia Hymn）。

合唱團員一半在台上，一半在台下，從觀眾席間緩緩唱出平和的旋律。他們雖身著黑色演出服，肩上卻是青綠色的披肩，在一片晦暗中有如嚴冬後的新生，歌聲唱出引頸期盼的希望，除了慶祝音樂中心的啟用，彷彿也唱出芬蘭人百年來的心境。

各具特色的音樂廳

赫爾辛基音樂中心（Helsinki Music Center）是音樂會正式演出的場所，以重要性來說，如同台灣的國家音樂廳。裡面依規格與屬性，有五個主要的音樂廳：Music

Hall是最大的主音樂廳，主要給大型交響樂演出，Camerata給小型室內樂或獨奏會，Organo只演出管風琴，Sonora給聲樂和音樂劇場，最小的Black Box通常是民謠音樂會。每個廳的音響設備都是專為該音樂會類型打造，而西貝流士音樂學院的學生經常在這些場地排練、開演奏會。

主音樂廳的外觀是透明玻璃牆，光線得以從建築外部流射進來，民眾還可以看到裡面的排練情況。這是為了體現音樂中心的「開放」精神。主音樂廳約有一千七百個座位，舞台位在中間下方，座位則環繞著舞台往上建置，有點像棒球場的感覺呢。

幾個廳裡，最特別的是管風琴廳。裡面三架管風琴在不同年份製造，分別來自英國、義大利及尼德蘭地區，可以演奏不同時代的管風琴風格。我在裡面聽過兩次音樂會，整個廳的設計與氛圍，讓人在短時間內有如時空倒置，回到古歐洲基督教信仰的虔誠裡。管風琴廳是五個廳當中免費音樂會最多的，經常在中午有半小時的免費演奏，多由音樂學院教堂音樂系（Church Music Department）的學生表演。對於市民來說，聽個半小時音樂會，再到餐廳吃午餐，頗為愜意。

寒帶的休閒娛樂

芬蘭冬季的氣溫動輒零下一、二十度，因此寒冬中的休閒活動，除了窩在酒吧暢

右：管風琴廳的三架管風琴，可以演奏義大利文藝復興和巴洛克時期的曲目。左：教堂裡的小音樂會。

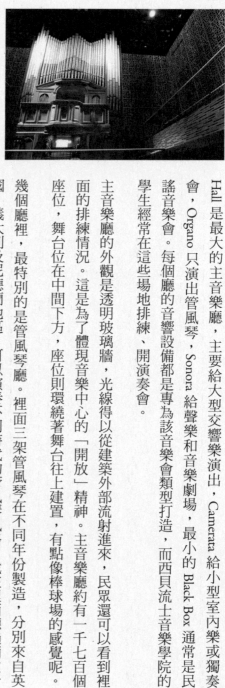

飲、看曲棍球比賽之外，聽音樂會也是大家熱衷的活動。近一年裡，我參與了十幾場音樂會，包含芭蕾舞、音樂劇、歌劇、民謠音樂會、鋼琴獨奏會等大大小小不同類型的演出，幾次觀察下來，發現票房幾乎可達八成左右。包括一些偏遠教堂的演出，也都有不少人參加。

音樂中心晚上的節目於七點開場，聽管弦樂演出的民眾，早早就在開演前到場。他們罩著毛茸厚重大衣，從雪地裡趕了進來，把大衣交由服務員統一懸掛。脫下大衣的男士，裡面已著了西裝或燕尾服。幾個女士拿了提袋走進洗手間，整理一下套裝，然後脫下雪靴，換上了袋中的高跟鞋。無論男女，在音樂會場合都穿著很正式的服裝。從芬蘭女士的精心打扮，看得出她們對音樂會的重視。但我想，也或許是芬蘭的春夏太短，音樂會可是讓女士們展現美麗的一個重要場合呢。

進音樂廳參觀不需收取任何費用，因此每天都有不同的團體申請導覽。不同的音樂會有不同的票價，很多節目都是免費的。一些樓層設有展覽、現場演出的空間規劃，裡頭還有兩間餐廳、一間唱片行，及學院的音樂圖書館。設計師認為，音樂中心不應只是正襟危坐的室內演出，更希望這棟建築物是蓬勃的文化中心，與民眾的生活有所互動。

芬蘭政府為每個人灌注一樣的資源，
從小開始培養每個人對藝術的愛好和參與藝文活動的習慣。
我雖享受著音樂中心世界級的硬體設備，
但讓我動容的是其軟體——「為社會每個人設計」的多元關懷。

愛好音樂，人人平等

赫爾辛基音樂中心是我上課與活動的地點，每天在這裡進出，總會看到一些新奇的事情。有一天下午，我竟踩著紅毯去上課，音樂廳裡一身西裝或晚宴服的紳士、淑女們正在互相敬酒，我問了服務人員，原來是芬蘭某一家公司包下了音樂中心辦活動；還有一次，我從音樂廳離開準備返回宿舍，看到一群年約六、七十歲的爺爺們身著燕尾服，拿著高腳杯在閒聊，原來他們是當晚準備演出的合唱團體，預演完正在休息。

音樂中心是我在芬蘭的第二個家，許多有趣且別具意義的事情在這棟樓發生，時而覺得新鮮，時而莫名其妙，有時也讓我百感交集，因為它的功能與設計已超出了我對音樂廳舊有的印象與想像，芬蘭人賦予了它更多樣的角色。

小朋友的音樂日

芬蘭有幾個國定節日規定得懸掛國旗，在那些重要日子裡，街道、樓頂、窗口處處可見白底藍十字旗。哪些天是「國旗日」？在芬蘭印行的行事曆上，都有國旗圖案做為提醒，像是二月二十八日的史詩日（Kalevala Day）、五月一日的勞工節，及十二月八日的獨立紀念日等。比較特別的是，五月十三日母親節和十一月十一日父親節，芬蘭人也習慣懸掛國旗。

白底藍十字旗隨風飄盪的這天，我踏著雪、提著琴，正趕著上九點半的第一堂課，心裡想，不知道今天是什麼重要日子？還沒來得及查清楚，在路上卻遇到幾個牽著小朋友的爺爺、奶奶，他們和我一樣正準備進入音樂中心。

一大早，芬蘭的小朋友準備進音樂廳。

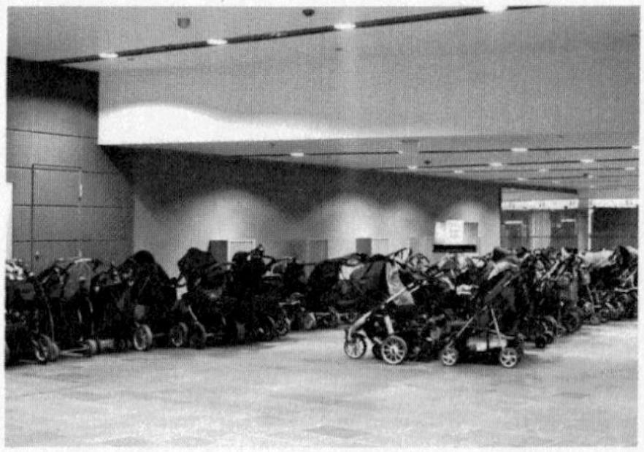

台灣的早上九點三十分，小朋友們正端坐在教室裡上第二節課；而芬蘭十二月八日這天早上，赫爾辛基市的小朋友卻由老師帶隊著，有些由家長牽著，準備進音樂廳聽音樂會。這天是音樂家西貝流士的生日，芬蘭為了紀念這位作曲家，將之訂為「音樂日」，很多音樂活動在各地舉辦。

一進到裡面，音樂中心已經被一群群小朋友占滿了，到處充斥著興奮的對話聲，有學齡前的小朋友，也有些看起來是小學生。一個幼稚園老師在大衣保管處，指導小朋友將防雪外套脫下來，交給服務員。只見一個個小身形奮力脫下圍巾與厚重外套，樣子實在可愛！他們彼此手拉著手，由老師帶領，魚貫地走進音樂廳。

早晨九點三十分的赫爾辛基音樂中心，設計給幼稚園和國小學童的音樂會準備開演，芬蘭政府一大早就用藝文活動灌溉這些小幼苗，以一場聽覺饗宴滋潤著他們的心靈。

特別的音樂會，給特別的朋友

一如往常的另一個早晨，我背著琴往音樂中心走。一進到裡面，只見黑毛、黃毛的拉不拉多犬趴臥在售票處前的小廣場，主人個個戴著墨鏡。半年來在音樂廳走動，

右：「音樂日」這天，小朋友們等待著一場聽覺饗宴。左：音樂廳裡的嬰兒車停車場。
左頁：這一天，音樂會的貴賓是一群視障朋友。

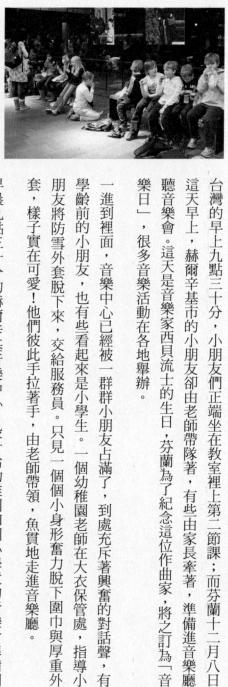

我從沒看過有動物進來，音樂中心允許寵物進入嗎？我困惑著，同時往前一看，才發現這是一群視障朋友，人數並不多，他們正準備聽音樂會。今早的音樂會專屬於他們，我的心突然暖暖的。

數個月的觀察，我發現芬蘭音樂會的類型與服務對象，可以劃分得很體貼、很細膩，這些從「關懷」為出發點所設計的活動，很值得藝文工作者進一步思考。芬蘭人常常帶給我很多感動，芬蘭政府、音樂中心和音樂表演團體的「用心」，是對每個人的照顧與投入，一旦發現某些人的需求，政府資源就自動轉動起來，去關注那些角落。平等、尊重，已藉由教育深植在他們的心中，只有我這個外國人為了如此的

「平等」感到驚訝。

在芬蘭人眼裡，不管出身如何，每個人生來就擁有同等的權利享受社會的每項資源，沒有人有權力去任意否定另一個人。

待在芬蘭的這段日子，我在不同的場域中大約聽了二十場的音樂會，不多也不少，讓人驚訝的是每場音樂會幾乎都座無虛席；但在台灣，聽音樂會卻常被誤認為是經濟寬裕的家庭才能從事的活動。縱然台、芬有經濟環境、社會福利、文化

從小培養與「美」的事物靠近的能力，萃取出生活的彈性與想像力。這種長期累積的美感，無法被任何考試所取代。

差異等條件上的不同，但究竟欣賞藝文活動與金錢能力有關，還是跟個人是否有藝文欣賞的習慣有關呢？

音樂會在講求功利導向的台灣社會，一直不是生活中重要的選項；學校裡培養鑑賞力的藝術課程，還經常被主要學科借來趕進度用。比起一字不漏地背誦課本，把試卷全部寫對，藝術默默影響人的性靈，一個人若能從小培養與「美」的事物靠近的能力，反而能萃取出一種生活的彈性與想像力。這種長期累積的美感，無法被任何考試所取代。

芬蘭政府為每個人灌注一樣的資源，從小開始培養每個人對藝術的愛好和參與藝文活動的習慣。在音樂中心生活的一年中，我雖享受著世界級的硬體設備，但一直讓我動容的是其軟體──「為社會每個人設計」的多元關懷。

明明大家都是第一次接觸一個新樂器，
同學們不慌不忙地照做時，只有我有這種疑慮與抗拒。
沒有譜，我怎麼好像就不會彈琴了？
芬蘭民謠第一堂課，教的是「創造」。

沒有譜的演奏

十月以後，許多課程才陸續開始。一如往常，所有「非課表」的大師班、短期班、演講，都是以郵件方式通知學生，發信人是誰常常讓我一頭霧水。

拉國民謠的第一類接觸

為了一大早的拉脫維亞民謠音樂演講，我第一次走進音樂學院的教室裡。拉開兩扇厚重的門（室內兩扇門的設計是為了隔音），一架平台鋼琴置於教室前方，四面的玻璃窗使外頭的陽光直接透進來。沒有整齊一致的座椅，只有寥寥數人自己搬過來的椅子。講師坐在古風琴與鋼琴之間準備幻燈片，腳邊的大皮箱裡有一些沒見過的特殊樂器。

一會兒，他終於開口，說他一早搭機從拉脫維亞趕來演講，結束後就要立刻飛回去。旁邊的同學似乎個個對課程胸有成竹，我坐在一旁，面對陌生的環境、陌生的人，加上對波羅的海三小國其中一員的音樂一無所知，不覺坐立難安了起來。

課程開始後，老師要學員先自我介紹並說明為什麼要參加這個課程。身邊一位非常優雅的長髮女同學，說她主修愛爾蘭豎琴，去年在愛沙尼亞交換學生，想了解拉脫維亞的音樂；另一位男同學說，他想多了解波羅的海國家音樂之間的關連性；而我，只說自己來自台灣，來芬蘭學習岡德雷琴。

慕克圖帕沃士（Valdis Muktupāvels）老師是拉脫維亞音樂家、民族音樂學者、民謠復興者，致力於發揚拉國民謠樂器夸克勒琴（kokle），與芬蘭岡德雷琴在音樂學上同屬齊特琴（zither）家族，但外型上，岡德雷琴看起來像羽翼，而夸克勒琴則是梯形。除了傳統樂曲傳承之外，慕克圖帕沃士老師也改編和作曲，發了幾張唱片。

演講結束後，收好滿滿的筆記（奇怪的是，現場只有我在做筆記）準備離開，推開第一扇門時，一個人跟在我身後追出來，瞬間拍了我的肩，是一位女士。「如果妳對岡德雷琴有興趣的話，歡迎來上我團體班的課。」她說。

「寫信給我吧！」我來不及回答，她又補了一句。她是誰呢？我帶著滿腹疑問離開了教室。我猜想她大概是注意到我的自我介紹。

找了時間去課務組登記課程，得知授課老師是辛妮卡，她和先生馬地都是芬蘭著名的岡德雷琴演奏家。

飄洋過海的報告

民謠系位於音樂中心七樓，每間教室（更適切來說是「琴房」）放著不同類型的樂器。提琴教室裡，牆上懸掛了芬蘭悠亦可（jouhikko）提琴、愛沙尼亞提琴、挪威提琴，較大的瑞典尼可哈巴（nyckelharpa）提琴則置於櫃子上。特別的是，角落還有一把中國的馬頭琴，據說是中國代表某次來訪時送給芬蘭政府的禮物，由於沒人知道這個樂器如何彈奏，所以輾轉被送到了音樂學院來。管樂教室裡，櫃子一拉開，七、八層抽屜放了好多不同的笛子，每一支都被照料得很好。打擊樂教室裡則是最壯觀的，直逼天花板的三層櫃擺滿各式樂器，非洲鼓、鈴鼓、沙鈴、木箱鼓……。

岡德雷琴教室是民謠系中數一數二大的，因為它是芬蘭民謠最重要的樂器之一。第一堂岡德雷琴課，走進教室，放眼望去是一整面牆的岡德雷琴，每一把都不一樣，五弦、九弦、十弦、十五弦、二十五弦，不同顏色，不同木質，來自不同國家。我

岡德雷琴教室裡，每把琴的樣子都不一樣。

邊看邊想，芬蘭社會確實重視「差異化」，連岡德雷琴也不例外！（後來我才間接知道，原因是出自不同樂器師之手，每個樂器師都有自己的尺寸與風格。）

辛妮卡走進來，和我握手，歡迎我上她的課。「這是妳寫的嗎？」她手上拿著兩張紙。我一下子意會不過來，見左邊一張全是中文，右邊一張則是我不懂的語言。

「這是妳寫的報告或心得嗎？」辛妮卡又確認一次。

定睛一看，總覺得似曾相似。想了半晌。「這不是我在研究所上王嵩山老師的課堂作業嗎!?」我大吃一驚，問辛妮卡怎麼會有這份資料。

「我用妳來信的『署名』google找到的，然後翻譯成芬蘭文來看妳寫的內容。我想了解妳在台灣學些什麼，這樣我才知道該給妳什麼樣的學習資源。」她緩緩地說。

我還在一旁為自己兩年前的課堂報告「飄洋過海」到了芬蘭老師手上而驚恐，而辛妮卡卻不覺得有什麼不對勁。「這『真的』是妳的報告嗎？我真的找對了。」她眉飛色舞地說。

用琴音自我介紹

同學們陸陸續續進來了，其中兩位跟我一樣是交換生，分別來自挪威和丹麥，其餘則是芬蘭同學。辛妮卡把調好音的五弦岡德雷琴每人發了一把。

「我們就用岡德雷琴來自我介紹吧！名字中，母音的部分就彈第二或第四弦，自由選擇；子音的部分則彈第一、第三或第五弦，也可以自由選擇。你們得持續不間斷地彈，直到我猜出你們的名字。」辛妮卡說。

我心想，第一堂課不是都先從樂器的歷史背景介紹起嗎？更何況，老師並沒有講解樂器正確的彈奏姿勢、音階是什麼。當我還這麼想的時候，大家已經開始彈了。

真要彈一長串中文名字實在太複雜，想了想，我還是只彈其中一個字「Ying」就好。

由於七個人的名字長短不一，起初彈的節奏不太一樣，後來彷彿有了默契，節奏漸漸趨於一致，五條弦的岡德雷琴的五個音，在交錯排列中融合成一種莫名的和諧。

辛妮卡慢慢猜出每個同學的名字，不過我想那應該不會太難，畢竟芬蘭人的名字經常重複。約三、四分鐘後，只剩下我和挪威、丹麥三個外國同學，辛妮卡才一一問我們的名字。這種「自我介紹」說起來也滿另類的。

「接下來，用你現有的技巧來彈奏岡德雷琴，或是你能發明新技巧彈奏也可以。」辛妮卡說。

「譜呢？」我疑惑了半天，心想沒有譜要怎麼彈？第一堂課不是應

沒有譜，面對岡德雷琴的我，能成為演奏者兼創作者嗎？

該先教一點基本指法嗎？或是老師示範一次，讓我們模仿吧？像這樣什麼都沒說，我怎麼知道什麼是「對」？

明明大家都是第一次接觸一個新樂器，同學們不慌不忙地照做時，我才發現只有我有這種疑慮與抗拒。一旁的芬蘭同學已彈出令人驚艷的小曲調，還一邊對樂器敲敲打打。怎麼每個人都如魚得水，就只有我很在意自己的彈奏技巧是否很瘸腳？沒有譜，我怎麼好像就不會彈琴了？

過去無論是中國音樂、西洋音樂還是台灣音樂，都是先學看譜，五線譜、簡譜、工尺譜；芬蘭民謠也是以五線譜記譜。但在教學方法上，老師傾向一開始不給學生樂譜，而是透過耳朵來摸索音樂。發下譜之後，學生大致知道了旋律走向，仍然不看譜，開始即興和變奏。

芬蘭民謠第一堂課，教的是「創造」。

離開教室後，內心有一股淡淡的哀傷。課程就像照妖鏡般讓人無所遁形，原來我學音樂的十幾年，是訓練照譜彈，卻無法創造。

在芬蘭的這一年，辛妮卡是我最重要的老師。我跟著她學岡德雷琴，學即興演奏，訓練自己擺脫樂譜。我記住了，芬蘭民謠音樂最大的特點——演奏者，同時也是創作者。

尼可哈巴琴有許多共鳴弦，悠亦可琴則要用手背按弦，跟著兩位老師，我有了學其他樂器的機會。

「教育」在老師與學生的互動間，不是為了成績，更不是為了競爭，只是單純為了學生的演奏更好。

我不是妳的老師

芬蘭民謠兩種不能不欣賞的弦樂器——「尼可哈巴」和「悠亦可」，兩位老師艾蜜莉亞（Emilia Lajunen）和依卡（Ilkka Heinonen）都是演奏家，我稱他們為「單車音樂家」。

尼可哈巴琴

削短髮的艾蜜莉亞外型十分俐落。第一次碰面，我正在她的弦樂琴房練琴，她一身運動系打扮，頭戴著安全帽，刷了鑰匙卡走進來。我連忙整理桌上的譜，打算把譜架和樂器移往其他琴房。只見她放下沉甸甸的背包，從裡面掏出一把提琴，以前我從沒見過演奏者把琴「直接」放在背包裡的。那是一個暗色背袋，體積頗大。（沒多久，同學就告訴我那背袋十足可信任，防水又防風，很多音樂家都使用。）

艾蜜莉亞坐下來備譜，低著頭為提琴調音。她在桌上放了一把琴，琴頸布滿按鍵，除了四條拉奏的旋律弦，尚有許多共鳴弦暗藏底下，複雜的構造頗震懾人。我很好奇音色，艾蜜莉亞於是拉了一小段，我想起那就是我在「黑門」小酒館所聽到的琴聲。

艾蜜莉亞告訴我，這是瑞典民謠提琴尼可哈巴琴，需要持弓加上左手按鍵來演奏。她拿了一張紙寫下名字和信箱，告訴我若有興趣學的話，直接與課務組聯絡，有十堂課。就這樣，我有了學其他樂器的機會。

演奏尼可哈巴琴可坐可站，這個不算小的樂器被橫置在腹部前方，右手持弓搭配左手按鍵，總覺得不太符合人體工學。調音是每次上課前的大工程，四條弦下面的許多共鳴弦全部調完，十幾分鐘咻咻也就過去了。

左邊是尼可哈巴提琴，右邊是民謠提琴。

艾蜜莉亞教的多數是波絲卡（Polska）舞曲，有時我為了確定琴房沒人，從百葉窗縫隙中查看，經常看到她帶著主修提琴的學生在琴房裡轉圈圈，他們正一邊踏著舞曲的步伐一邊拉琴，從腳步的輕重感覺舞曲的節奏。

不同於辛妮卡要求創作，艾蜜莉亞的教學法就是「跟著拉吧」。其實，民謠系一直貫徹這樣的教學法，也是民謠音樂傳統的學習方式——靠你的耳朵學習（study by ear）。我先拉一些簡單的舞曲旋律，藉此熟悉左手按鍵的位置，然後她拉一個樂句，我跟著拉一句。左手按鍵三排層層疊上來，想用眼睛看也看不見，只能憑感覺找半音與全音的距離。純靠耳朵去找音，實在很不習慣。

通常一堂課只學半首曲子，有時八小節，有時十六小節。艾蜜莉亞不在乎進度，她帶著我把旋律拉熟，反覆幾次後，她才開始在原本的旋律上即興。每次下課前，她才把譜發下來，有時要我自己去圖書館找。

有一次學到一首節奏難掌握的舞曲，我請求她幫我寫成譜。她搔搔頭說，一直以來她都用耳朵記曲子，沒想過記譜的問題。後來，她勉為其難地寫了幾小節，突然說：「我們去圖書館一趟吧！」到了圖書館，她從CD櫃裡找出樂曲的錄音資料，告訴我：「學習民謠，必須多聽過去的錄音，多閱讀相關研究與史料，再來才是自己的詮釋與即興，譜只是輔助。」

離開圖書館前，她講了一句話，至今仍迴繞在我腦海。「我不是老師，我只是陪著妳一起學習，圖書館才是『我們的』老師。」

悠亦可琴

依卡是悠亦可琴演奏家，戴著一副大紅框眼鏡，唇紅齒白，時常背著一把巨大的低音提琴在系上走來走去，相當惹人注意。他總是面帶微笑，看起來心情很好。我們的第一堂課，他便流露出對東方文化的濃厚興趣，很好奇我的中文名字讀法，我發音給他聽，他也很認真模仿，但試了十分鐘，聽起來還是不太對勁。我們有時也聊烏龍茶和亞熱帶天氣。

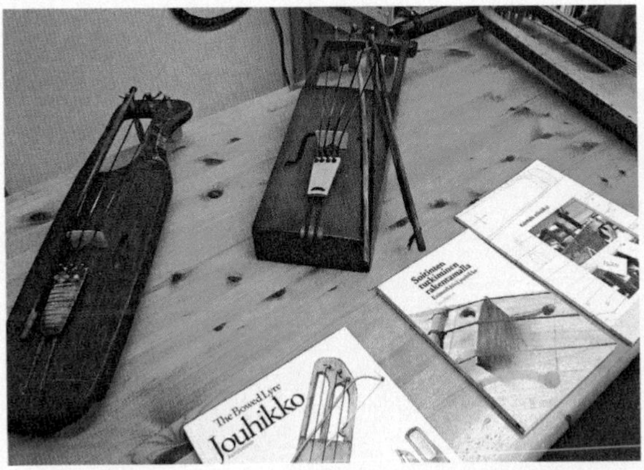

悠亦可琴的造型簡單質樸，入門門檻卻很高。

類似悠亦可琴的樂器，好鄰居愛沙尼亞也有，樣子有九成相似。樂器構造簡單，一個音箱上張上弦，中間的弦是持續低音。多數的民謠樂曲中，這條弦從頭到尾都會輔佐旋律進行，形成悠亦可音樂的最大特徵。持續低音所製造的深沉樂音，時而遼闊，時而內斂，總讓我聯想到草原上的馬頭琴。

這個拉奏樂器就像中國樂器二胡一樣，以坐姿為主，靠著兩膝夾住琴持弓演奏，最特別的是，它的音準是以「左手手背」按弦來變化出不同音高。這種手背按弦的技巧，著實提高了入門的難度。

上課前，依卡先為我打一劑強心針，說悠亦可提琴對初學者而言，音準控制的難度最高，教我不要為此難過沮喪。有一天，他靜靜地從包包中掏出二十片CD給我，說這是他身上「所有」悠亦可音樂的正版錄音收藏，要我帶回去聽，並好好研究。捧著CD的當下，我一邊想，為什麼他能不假思索地借我這些錄音，難道不害怕我弄壞的風險嗎？

「教育」在老師與學生的互動間，不是為了成績，更不是為了競爭，只是單純為了學生的演奏更好。

隨著練琴時數的增加，我的悠亦可音準慢慢有了起色。「我猜想，也許是中文四種音調長久的潛移默化，讓妳有好的音感。」依卡說。雖然音準的進步我自己歸功於練習，但他還是說，英國有學者做過相關研究，要我找來讀。

除了演奏，有時他會在課堂上播放一些現代作曲家的作品，有些錄音是他親身參與的，其中一個在冰島的演出，就是他用悠亦可提琴搭配管弦樂團演奏的現代作品。

一邊聽，他會同時問我一些問題：「古樂器如何適應現代社會？」「演奏技巧的突破是否使古樂器失去了原本音色的個性？」……。儘管討論熱烈，很多問題其實最後都沒有答案，但一來一往的想法交流，促進了更深一層的思考。

隨著永夜季節來臨，下午三、四點上完課，同學與老師們總是匆匆忙忙想返家。一天下了課，依卡邊收拾樂器，隨口問我要不要看他的腳踏車。在芬蘭，政府規定冬天單車通勤的芬蘭民眾，必須在車輪上加裝雪地專用的特殊防滑裝置。依卡跟我說過此事，我也好奇。下樓後，我仔細瞧了瞧他車輪胎皮上布滿的一顆顆金屬。

戴上安全帽、跨上腳踏車，依卡與我道別，在朦朧暮色中，他的背影越行越遠。這就是芬蘭的「音樂家」。

一個進步的都市不是每個人都擁有車，而是人民願意使用大眾運輸或騎單車。

芬蘭珍視自己的文化而散發的自信，贏得世人的目光；
而岡德雷琴也從一個險遭失傳的古樂器，搖身一變成為文化外交大使，
從《卡勒瓦拉》沉重的國家情感中破繭而出。

古樂器，新生命

「讓世界聽見芬蘭」的作曲家西貝流士，他的交響詩《芬蘭頌》在帝俄侵占芬蘭期間，喚醒了人民的愛國情感。除了《芬蘭頌》外，他幾首作品的靈感，則來自芬蘭的史詩《卡勒瓦拉》，包含《柯瑞利亞組曲》與《庫列佛交響曲》等。

《卡勒瓦拉》為芬蘭人建立了自我認同，保留了千年的傳說故事，而裡面，記載著一個古樂器。它的音色恍若雪地裡反射的光，清靈又透明。我常在想，如果漫天雪花降下時有聲響的話，大概就是這般音色吧。

魔力不凡的琴

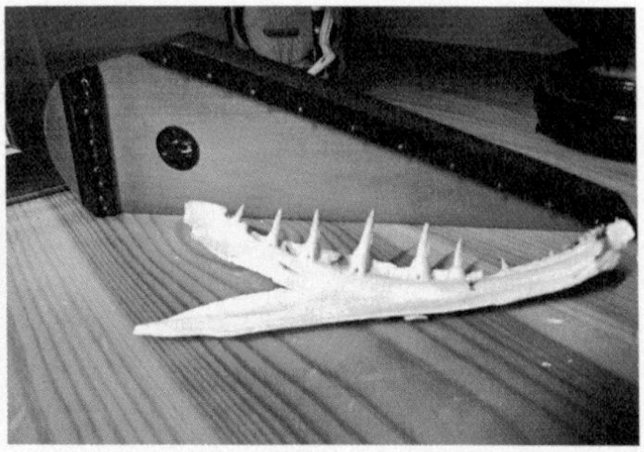

右：傳說中，第一把岡德雷琴是由魚骨製成的。
左：唱片上彈奏岡德雷琴的芬蘭老人。

這把五弦小樂器名為「岡德雷」，乍看之下的外型讓很多人覺得像中國的箏，其實這類「將弦平張在音箱上」的樂器，包括古琴、日本箏、韓國伽倻琴等，都屬於同一個樂器家族——齊特琴。

岡德雷琴的歷史，根據不同學者的研究答案不一，若從《卡勒瓦拉》的故事推斷，岡德雷琴可能在十二世紀以前就已經存在。神話故事裡對岡德雷琴有一些描述：英雄萬奈摩能（Väinämöinen）用魚骨做了琴體，再以少女的髮絲纏上做成弦，製作了第一把岡德雷琴。當萬奈摩能彈奏時，森林裡的動物為之吸引，圍在他身邊聆聽，顯示這把琴具有不凡的魔力。

芬蘭先民拿岡德雷琴為歌曲伴奏，芬蘭的神話故事隨歌聲代代流傳。然而到了二十世紀後半期，開始流行起大岡德雷琴與其他的音樂類型，使得這把五弦小琴逐漸沒落。直到一位重要的民謠復興人士——馬地波各拉（Martti Pokela）的出現，賦予了這個樂器新的生命。

馬地做了很多努力，其中之一就是將這個幾乎絕跡的琴音，帶入他所主持的廣播節目裡。在節目中他親自演奏、演唱民謠，透過「廣播」，再一次將這個樂器介紹給芬蘭人，甚至將之推入正規的音樂系課程裡。

馬地於二〇〇七年辭世，他當時為民謠音樂奠下的基礎至今仍在發酵。他的女兒愛娃列娜（Eeva-Leena Pokela），目前任教於西貝流士音樂學院的音樂教育系。她曾在課堂上分享她父母親一同演奏的影片，黑白畫面裡，馬地坐在大岡德雷琴前彈奏，母親馬雅塔站在馬地旁邊，演唱民謠的過程中兩人頻頻深情對看、相視而笑，鶼鰈情深不言可喻。「對於波各拉家族而言，樂音就像空氣般無時無刻不存在。」愛娃這樣形容她的家庭。

睡夢中的琴聲

愛娃來自哈帕非西（Haapavesi），距離赫爾辛基五百公里遠的小鎮，因為教書，她主要還是住在赫爾辛基。我拜訪了她一次，為了與她討論馬地的五弦岡德雷作品。一進門，就聽見她招牌的爽朗笑聲，她指著牆上的畫作，等不及告訴我那是她從《卡

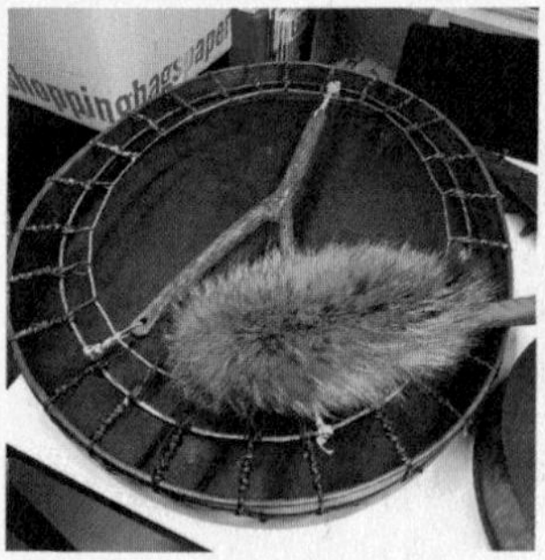

右：手掌一樣小的岡德雷琴。左：芬蘭的打擊古樂器，鼓棒的敲擊端是獸毛。
左頁右：有趣的CD封面，岡德雷音樂帶你遨遊天際。左頁左：台灣的小朋友嘗試彈岡德雷琴。

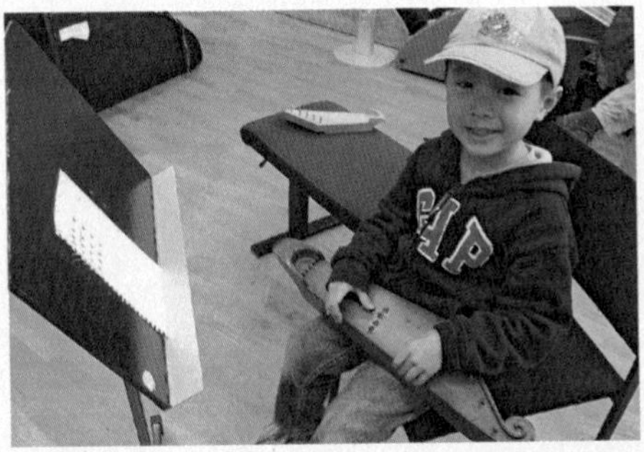

勒瓦拉》得到靈感的作品。

明亮寬敞的客廳裡，只有一把低音提琴倚在牆邊，我原以為室內可能塞滿了樂器，她說絕大部分都擺在老家。她開了電腦，分享她媳婦即將舉行的 A cappella 演唱會訊息，又順手打開桌面相簿，其中一張特別吸引我的目光——兩個掛著燦爛笑靨的小孩在澄黃的落日下吹木笛。她告訴我，兩個小朋友是她的孫子，照片是在某小島拍下的。去年夏天她與家人暫別塵囂，開船出海度假，幾週後她送家人上岸，接下來的兩個月她獨自航行，每天欣賞波羅的海上千變萬化的雲彩和小島景致。

創作音樂，體會自然，用心生活，芬蘭音樂家不會拋棄其一。

「小的時候，總是父親的琴聲伴著我從夢境醒來。他總在家裡某處彈琴，每天清晨彈上一兩個小時，我在不知不覺中就把他彈的曲子記了起來。後來我看到有人把我父親的錄音寫成樂譜，覺得非常驚訝，譜上把音標記得很完整，但事實上父親在彈奏時，一直在做即興變化。因此，我從來不看譜彈，而是憑父親留在我腦中的琴聲。」

「曾經我們家有個派對，一個好朋友喝醉了在我家過夜，隔天早上起床時聽到『豎琴』的聲音，還以為自己上了天堂，其實是我父親在彈岡德雷琴！」愛娃大笑著說。

愛娃的父親為了復興五弦岡德雷琴，開始為這個樂器重新作曲，大自然的聲響是他

的靈感來源，寫下了《鳥的舞蹈》（Linnun tanssi）、《教堂鐘聲》（Kirtontellojen soittoa）等曲。另外，他也將其他樂器的演奏技巧移植到岡德雷琴上面，比如吉他。

五弦岡德雷琴的復興，後來有許多學者加入，他們推動「送岡德雷琴到學校」的計畫，把樂器及教學組送到芬蘭所有的綜合學校，這個古樂器終於成為音樂教育的一個選項。

每個芬蘭人都知道的樂器

有一次，在朋友邀約下，我在一個公開場合演奏了一小段岡

學習岡德雷琴的芬蘭學生。

德雷琴。兩個芬蘭女生看到一個亞洲人彈著他們的樂器，非常激動地問我，怎麼會跑來芬蘭學這個樂器？我簡略回答後，問她們是否會彈？很可惜她們回答不會，但補了一句：「可是每個芬蘭人都知道這個樂器。」聽到這句話，我的心微微顫動了一下，我有信心說得出「每個台灣人都知道ＸＸ（任一種台灣傳統樂器）」嗎？

「如果妳想繼續學岡德雷琴，可以到離台灣最近的亞洲國家日本。」返國前，辛妮卡這麼對我說。

遠在地球另一端的日本，每年都有不少岡德雷琴愛好者到芬蘭學琴、做樂器，返國後不旦組成岡德雷琴同好會，還發行獨奏專輯。最近在芬蘭舉辦的岡德雷琴比賽，也有人報名參加。

包括樂器型制、演奏技巧、音響上的突破（比如電子岡德雷琴），岡德雷琴走出了一條多元的路。芬蘭珍視自己的文化而散發的自信，贏得世人的目光；而岡德雷琴也從一個險遭失傳的古樂器，搖身一變成為文化外交大使，從《卡勒瓦拉》沉重的國家情感中破繭而出，展開全新的樣貌。

（Jorma Airola 提供）

即興，是在腦中沒有任何預設、視覺沒有任何憑藉的狀態下進行。一次次的彈奏、再彈奏，拋開過去任一個音樂風格，在一個新的樂器上，重新開拓技巧、聲響的無限可能性。

即興這件事

沿著階梯一層層往下走，耳邊傳來幽微的琴聲與歌聲。偌大的舞台燈光殘影裡，一個未修邊幅的男子身著暗色上衣，輕輕撥弄岡德雷琴，邊吟唱四音步句構成的古謠。從單調的旋律聽來，他正在唱史詩裡的故事。另外兩把十弦、五弦「古老的」岡德雷琴，靜靜地橫躺於舞台中央，等待另一位演奏家的出現。

準備聽音樂會的民眾陸續進場，Camerata 音樂廳舞台上的男子，好像已唱了幾百年。不是鼓掌，而是自然的安靜，把聽眾銜接進了音樂會裡。

男子的歌聲並未停歇，演奏家艾雅（Arja Kastinen）一身黑衣，靜悄悄地從黑暗中走到舞台中央，半蹲半坐在兩把岡德雷琴後方，接著她開始舞動手指，並從指縫中奔流出奇特的旋律。她雖然演奏「古老的」岡德雷琴，但音響上卻無法化約成單純「過去的」舊調，她的綺思將平淡的音階幻化為奇想的旋律，時而詭譎，時而靈動，讓人在過去與未來飄忽不定間穿梭。

這是男子的博士班音樂會，整場演出只有他與艾雅兩人。他從頭到尾低吟芬蘭古謠，艾雅則彈奏兩台岡德雷琴，兩人非為主客的從屬關係，而是透過樂器彼此對話。

古樂器的啟發

同學們稱呼艾雅為「大師」，二〇〇〇年她是首位以芬蘭樂器岡德雷琴拿到博士學位的演奏家。撇開學位不談，艾雅致力於古岡德雷琴的研究與一次次實驗性的音樂會，重啟一個古樂器的新生命。

她對這項樂器深厚的情感來自於童年。「小時候我住在東芬蘭一個靠近俄國邊境的小村莊裡，我的祖母是個虔誠的教徒，祖孫倆經常一起唱讚美詩。六歲時我開始學習岡德雷琴，後來這個樂器影響了我的一生。我的興趣是從現有的文獻裡去思考這個樂器的即興演出，以及冥想式的音樂，那些古老的故事、音樂結構、詩以及樂器，對我來說都充滿了力量，引領我去尋求我的根源。」她說。

我和艾雅後來有過一次接觸，因為我上了她的大師班。艾雅和來自英屬根西島的勞

（Jorma Airola 提供）

右頁：艾雅的即興音樂會。左：音樂木屋裡各式古岡德雷琴。

倫斯金（Lawrence-King）老師合作兩天一夜的內容：艾雅負責教授芬、俄邊境古岡德雷的即興演奏理論與技巧；而勞倫斯金老師是歐洲早期音樂的專家，以愛爾蘭豎琴和薩特里琴來分享十六世紀文藝復興時期的變奏模式（glosas）。

大師班的課程不在學校，是在一個郊區的小鎮上。一棟木屋的小閣樓裡，我小心翼翼地踩著狹窄樓梯上樓，眼底盡是舊式壁紙和家具，窗簾微微透進一點光，白淨的桌面上擺滿許多不同形狀的岡德雷琴。

綁著馬尾的艾雅從房裡走出來，「大家請坐吧！選一把你喜歡的琴。」這些琴看起來非常古老，每一把的弦數、體積都不同。

「芬蘭有一些樂器製作師致力於古琴復原，桌上其中一些琴就是古岡德雷琴最傳統的樣子。從前芬、俄邊境的村人，他們的樂器都是自己做的，從家後院拿了一塊木頭慢慢挖空、裝上弦就是個樂器了，也因此每把岡德雷琴的形狀和音色都不一樣，而且沒有一個人彈奏的音樂是一樣的。」艾雅說。在民謠音樂領域裡，保持每一個民謠樂器原有的樣子，也是芬蘭人在意的。

歸零、再創造

「我們現在所要做的，就是用它來做『即興』（improvisation）。先由一個人開始，每個人用耳朵仔細聆聽，覺得時機對了就加入。」艾雅接著說。

每個人拿到的樂器都不一樣，有人拿了五弦，有人拿了十弦，人人若有所思。

窗邊的女孩一馬當先，她先透過慢慢摸索，來熟悉每條琴弦的音高，再試著進一步做一點旋律。聽到別人的旋律後，大家漸次加入。一開始還聽得到自己的聲音，但是當這些旋律與別人的旋律交織在一起後，琴弦和琴體所產生的共鳴非常獨特，數把琴彷彿成了一個「大」樂器。隨著每個人不同的即興演出，旋律時而一起，時而分離。

「FREE yourself！」即興過程中，艾雅不斷提醒這一句話。

勞倫斯金老師（右）示範薩特里琴，左為愛爾蘭豎琴。

即興，是在腦中沒有任何預設、視覺沒有任何憑藉的狀態下進行。一次次的彈奏、再彈奏，拋開過去任一個音樂系統、音樂風格，在一個新的樂器上，重新開拓技巧、聲響的無限可能性。這樣的訓練讓長期仰賴樂譜的我感到焦慮，卻也間接透露出，一個人長期被某系統規範、馴服後，重新尋求解放是一件困難的事。

「歸零、再創造」是即興的核心價值，不同於「先具備看譜能力才能演奏」的音樂傳統，說穿了，即興是世界上各種傳統音樂的本質，意味著每個人的演奏都不盡相同。

艾雅和男子的音樂會整場「即興」演出，我問她怎麼準備。「正式的即興演出我會先想好整首曲子的架構，上台後，就讓我的手指自動開始彈奏（let my fingers go）。每一次的即興都是一次新的『旅程』。」她說。

「即興沒有對與錯，也沒有好與不好，所有都是屬於『你』的創造，這才是最珍貴的地方。」艾雅最後說。

「即興演奏」是芬蘭民謠音樂的核心。無論是音樂還是人生，一如芬蘭所倡議的適性發展，每個人都可以找到自己獨特的旋律！

芬蘭教育的核心之一，是一種「包容力」，
依每人學習狀況的不同，「再給予學生所需要的」。
令人嚮往的文明社會，也不過就是像芬蘭這樣，
信守的道理就只是「生活與倫理」課本那樣簡單而已。

學習是：信任與學生至上

推開赫爾辛基音樂中心內側的玻璃門，便可進入西貝流士音樂學院的M校區。這棟建築的外觀是透明素材，沒有室內光線不足的壓迫，反而沐浴在自然光的柔和中。青、紅與鐵灰色是大樓的內部基調，一到七樓中庭的通天設計和各層樓的玻璃帷幕，讓人清楚透視每一層的動態。

「乘著琴聲搭電梯」，是音樂中心特殊的體驗，遠遠地就可聽見從頂樓傳來的琴聲，繚繞於中庭裡。上到七樓，坦尚尼亞同學一如以往，坐在民謠系外的休息空間，正抱著吉他唱歌。

萬能鑰匙與音樂寶山

琴房是音樂系學生創作、練琴的重要空間，裡面也放了很多樂器。為了保護樂器，芬蘭人有一套聰明的管理方式。比起台灣用一大串鑰匙，芬蘭簡潔的中控系統讓人瞠目咋舌：一個如十元硬幣大小的鑰匙，能進入所有的教室。一開學，行政單位就根據學生就讀系所來限制鑰匙的使用範圍，在中央控管下，每把鑰匙被神秘地設定了！例如，A系所學生只能在公共區域與A系所琴房活動，若要硬闖B系所的琴房，鑰匙便會徹底失靈。

紅與鐵灰色是音樂學院的內部基調。

圖書館位於音樂學院的地面層，包含了兩層樓，裡面有豐富的館藏與視聽資料。剛到芬蘭那段日子，我每天浸淫在圖書館裡，與那一長排數以萬計的CD待在一起，每天聽上個兩三片，實在過癮！雖然CD封面的芬蘭文使人挫折，卻也發現不帶預設立場地聽音樂，反而有一種淘寶的樂趣。

對音樂人來說，圖書館像座寶山，只是這樣大

的空間裡，除了音樂相關的書籍外沒有一般讀物，這讓曾想找本英文小說來讀的我撲了個空。

民謠系也有自己的小圖書室，就藏在不起眼的一個尋常教室中。十多坪的空間，四面牆被大小書櫃完全占據，斗室中間的大抽屜櫃也藏了不少CD。黑膠唱片機與一整個書架的世界民謠唱盤，成了我待在學校半夜不回家的原因，以往較少聽到的俄國、烏克蘭、匈牙利民謠……也一次聽足。唱片機旁的小沙發，是為了方便聆賞而置，常常可以看到學生戴著耳機舒服地睡著了。

有天晚上七、八點鐘，圖書室裡還有人影，讓我覺得奇怪。刷了鑰匙開門一探究竟，一個穿著長毛衣的女人站在書架前，手中捧了一大疊書，另一個站在椅子上約十七、八歲的小女生，正伸長手準備接住。原來是系上的瑞塔莉莎（Riitta-Liisa Joutsenlahti）老師。

「嗨，這是我女兒。」瑞塔莉莎向我介紹。我向她打了招呼。

民謠系圖書室，不需登記手續，直接借閱。

「嗨，妳們怎麼這麼晚還在這裡？」我問。芬蘭人通常下午四、五點就鳥獸散了。

「我們在整理書籍，有些書號做了調整，所以得重新排過。」瑞塔莉莎說。

「怎麼是妳們排呢？」我疑惑。

「系上圖書館目前由我負責，我忙不過來，所以找女兒來幫忙。」這個回答更讓我一頭霧水。

「學生呢？圖書館怎麼可以讓『老師』整理書籍啊？」我在心裡嘀咕。但是，當我這麼想的同時，或許瑞塔莉莎也同樣為我的問題而不解。

「如果我想借書的話，是拿到樓下的大圖書館刷條碼？」我問。

「不用，書看完之後記得拿回來就行了。」瑞塔莉莎回答。

「還是這邊有本子？我登記一下。」不知為何，我又固執地問一次。

「我們沒有登記本喔，總之妳看完拿回來放就行了。」瑞塔莉莎回答。

望了圖書室一圈，書籍、有聲資料、論文、史料……，上萬個教學資源，管理方法竟是建立在對學生的「信任」上。我發現，令人嚮往的文明社會，也不過就是像芬蘭這樣，信守的道理就只是「生活與倫理」課本那樣簡單而已。

你會彈鋼琴？

芬蘭教育的核心之一，是一種「包容力」，依每人學習狀況的不同，「再給予學生所需要的」。

由於多數學校學費全免，學校盡其所能地提供一切資源，而學生也充分吸收自己感興趣的課程，並非如趕鴨子上架般，得在修業期限內畢業。在芬蘭，當學生是一件幸福的事，免學費之外，政府也補助學生的生活費。但這樣的制度也衍生了一些問題，政府美意提供的學生津貼，卻讓很多人刻意「保留」學生身分而延長在校時間，光大學就念了七、八年。

全然不同的學習觀，無時無刻不衝擊著我。

下午時分，經常可見同學的先生推嬰兒車來接送，這些「早婚」的年輕同學曾讓我很納悶。在我這個台灣人的想法裡，家庭與學業怎麼可能「兼顧」呢？

一次因緣際會，戴著婚戒的同學主動告訴我，她和男朋友因為真心相愛決定共度一生。我的同學十九歲，她的男友二十一歲。相較於簡單的一句「相愛」，台灣人在意的婚姻前提是：有房有車、經濟無虞、父母首肯……，錯綜又複雜。面對終身大事的態度，東西文化顯現了巨大的差異。

除了文化上的不同，音樂學習生態更不一樣。

「妳會彈鋼琴!?」我在練琴時，一個進來拿樂器的同學這樣問我。

「妳不彈鋼琴嗎？」在台灣，音樂系的學生幾乎都有鋼琴演奏的基本能力。

「我不會。」她斬釘截鐵地回答。

右頁：民謠大樂團演出。
上：音樂中心不定期舉辦音樂會。

我有點驚訝，但也很快地發現「不會」背後的真相。民謠系的「民謠大樂團」（Folk Music Big Band）每場演出總是人滿為患，它結合了岡德雷琴、提琴、小風琴、手風琴、管樂器、曼陀鈴、吉他、低音提琴、擊樂等等，這些都是學生的主修樂器。

民謠大樂團沒有管弦樂團和聲的厚實音色，只單純地透過器樂來齊奏，再加入樂手即興、變奏玩出來的變化。樂團指揮不是拿指揮棒，而是拿吉他，有時還換成曼陀鈴。吉他手培特力（Petri Prauda）老師是為大樂團編曲的人，他把芬蘭民謠曲調用在大樂團合奏，而樂器編制完全是另一種思維——所有樂器都可以加入！民謠系學生不被要求會彈鋼琴，卻被要求具備「多重音樂能力」，才有助於讓自己的音樂更多元。

我後來想想，那個不會彈鋼琴的學生，可能也只是不會「鋼琴」而已。

他說，學生在課堂當中都是平等的。每個人能力的起點都不一樣，課程結束的時候當然也會停在不同的點上。所以，賽門完全拒絕在我身上「打」分數。

當南管遇到英文課

賽門（Simon）是個蓄鬍又有啤酒肚的英國佬，他負責教授英文課。

英文課在每週三，每次五小時，上午十點開始，中午用完餐又接續著上。這樣長時數的課程上了幾週後，不免發現，縱使處在講求適性、彈性與趣味的芬蘭教育中，每次午餐後回到教室，依然抵不過「午後的昏昏欲睡」。

英文課一共有七、八個學生，有交換生也有芬蘭學生。第一堂課，賽門坐下來後就霹哩啪啦連續講了兩個半小時。講了些什麼呢？大致聚焦在兩件事：一是他、前妻與現任芬蘭太太的故事，二是為自己以前寫的書打書。我想他的用意，應該是要訓練學生的聽力吧。我一直對賽門有個疑惑，當外頭氣溫到達零下十幾度，連芬蘭同學都在襯衫外搭了毛衣，為什麼他仍能不改其色地穿著短袖？這個謎未解，課程就結束了。

英文課的主題都與音樂有關，有時講講高音譜、低音譜、四分音符、二分音符……的英文名稱，有時讀一些音樂相關的長篇文章，如貝多芬某交響曲的音樂分析，或是聲樂演唱者口腔的發聲位置。上課前，賽門提前發下閱讀材料讓學生預習，還用顏色來區分主題，每週拿到的講義顏色都不一樣。

課程進行時，他會把課前閱讀裡的一些關鍵字塗改掉，然後重新發一份，再用分組的方式進行討論。分組也是設計過的，依主題來區分小組成員，如果講打擊樂的文章，他就把主修打擊的學生平均分配到各小組去，由這些學生帶領其他人了解打擊樂的術語，彼此交錯分享。

接近期末，講義已經堆得像一座小山，回顧這一學期，內心充滿無比成就感。但晴天霹靂的是，賽門突然宣布英文課要筆試和口試，那一座知識小山瞬間燃燒成熊熊火山。

芬蘭人不是不「考試」的嗎？原來我搞錯了。

「筆試的部分，範圍就是我們講過的那些主題，有二十題填空；口試的部分，每個人必須再找一個主題上台報告，以『三十分鐘』為原則。」

聽到要在台上用英文報告三十分鐘，大家不免焦慮起來。

介紹南管

關於口試，賽門可能怕學生開天窗，所以每次一上課就先確認大家報告的主題。首先舉手的是立陶宛同學，她表態要介紹家鄉的樂器康克勒琴（kankles）。她的拋磚引玉，促使我決定好好介紹一下南管音樂。到了芬蘭幾個月來，除了零星幾次拿出來彈給室友與鄰居們聽之外，一直沒有適當時機向芬蘭同學們介紹。

「但『五空管』的英文是什麼呢？」決定介紹南管音樂後，我腦中第一個冒出來的問題。

除了「五空管」，還有「管門」、「滾門」、「郎君爺」、「上四管」、「下四管」，這些南管音樂用詞的英文該怎麼說？我的胃翻攪了一下。

然而，我發現自己多慮了。

口頭報告那天，我只做了四張投影片。前兩張投影片，介紹台灣的地理位置與歷史，解釋完之後，二十分鐘已匆匆過去，台下的西班牙同學對她的祖先曾經來過台灣非

與立陶宛同學合影，她拿著家鄉樂器康克勒琴，我則拿台灣的南管琵琶。

常驚訝，我大部分的時間都在解決她的提問。同時，另一個日本同學也在底下，微笑有禮地聽著台灣史。

第三和第四張投影片，是介紹南管樂的樂器與工尺譜。南管的用譜與五線譜不同，為直式，譜上有很多訊息，包含主奏琵琶的指法與旋律、演唱者的唱詞，以及執拍的拍點。一開始秀出工尺譜的投影片，突然一片靜默，巨大問號懸掛在每個人腦門上，沒有人知道這些符號是什麼。經過好一番解釋，大家仍然似懂非懂。

原以為漫長的三十分鐘早已在一來一往的問答中流逝，當我還想多講幾句時，「時間到囉！」賽門半催促著。

「要」分數

最後的英文口試，大家都獲益良多，順利通過英文課拿到學分。但由於台灣學校的行政要求，我需要一個「分數」，做為確實參與課程及獲得學分的證明。秋季的學期早已結束，後來就沒再與賽門碰過面，我只好以郵件聯絡。幾天後收到回信，讓我有些愧疚，也讓我省思：「成績之於學習到底有什麼直接關連？」

我的英文課從來沒打過成績，向來只有課程「通過（完成）」與「沒通過（未完成）」。真的有必要打成績嗎？如果真是如此，那麼最高分應該是多少？所以，我盡量不給學生打任何分數。

我的想法是，學生在課堂當中都是平等的。他們參與課程是為了改善與增進音樂方面的英文能力，每個人能力的起點都不一樣，課程結束的時候當然也會停在不同的點上。

我的課不可能奇蹟似地讓一個學生從某個程度跳到另一個去，況且，這也不是這個課程的目的。

與賽門往返了兩三次郵件，但是，他完全拒絕在我身上「打」分數。後來，我決定直接放棄英文課的成績。

除了賽門的英文課之外，另外九堂課的芬蘭老師都在期末給了「分數」。然而，說什麼就是不給分數的賽門，那個「堅持」讓我想了好久好久。

望著窗外的雪景彈琴，是在芬蘭最幸福的事。

第三部 3 教室外的音樂課

學習無所不在

蘆葦笛製作課，帶我們想像了一個舊時的常民生活場景：民謠手聽到蘆葦與風共鳴產生的聲響，於是設法取得蘆葦，來做成笛子。人民就地取材做的簡單樂器，使他們在物資不豐的年代，仍然有享受音樂、自娛娛人的能力。

民謠手的蘆葦笛

密布的湖泊與森林，是上天賜給芬蘭的恩惠。浸浴在自然美景的當下，我悄悄察覺到，以往的生命慣性，似乎在台灣便利的生活型態下有點被寵壞了。

初到芬蘭，背著一堆行李站在中央車站，沉重得不知所措時，才發現原來我對機車太過依賴；當永夜來臨，下午三點半就天黑，我在琴房裡餓得發慌而外面一公里內沒半間便利商店時，才發現台灣小吃攤密度真高；看到芬蘭超市的西瓜是切開來賣時，才發現夏天用湯匙大口挖西瓜吃是一種奢侈。

隨著留學的時間推移，越來越多的「發現」，讓我的北歐印象從模糊變得清晰。它

有令人神往的優點，但生活機能的便利可能不及台灣。

遠離台北快速的節奏嬗變，步入異域的荒野密林，帶來的衝擊是最大的。感受到文化差異的同時，是覺察自己的良機。

向大自然取經

如果教育有起點，那麼芬蘭教育的起點或許是「大自然」吧。那是不限於教室，不限於一天二十四小時，不限於資質優劣，生為人即可享有的全民資產。

芬蘭的教育核心，是透過與一株植物、一隻麋鹿、一隻水鴨、一顆樺樹的真實面對面，來了解對方的一切。

芬蘭的兒童從小跟著長輩向森林學習：秋天到森林裡採菇，除了認識有毒菇類外，大人也順便解說林種及利用方式；獵人帶著兒女進入森林裡打獵，教導他們認識攻擊性動物的習性。

芬蘭的教育，是透過與一株植物、一頭麋鹿、一隻水鴨、一棵樺樹的真實面對面，來了解對方的一切。這樣的大自然課程融合了生物、文學、生命教育等，很難歸類到某一學科，也無必要。知識在戶外空間被傳授，經驗用五感去累積，而不只是在教室裡紙上談兵。

「向大自然學習」存在於每個芬蘭人心中，也造就許多領域，如設計、建築、繪畫等作品裡，充滿了自然的啟迪。音樂領域的教師也貫徹這樣的理念，學生不會只關在琴房裡練琴，許多課程鼓勵他們走出去。不僅是作曲的靈感需求，還有一些實作課程，得以了解聲音背後更多的奧秘。

一堂戶外製笛課

西貝流士音樂學院每年十月的某一週，固定被規劃為 Zooming Week，如同台灣的大學積極推動的「跨領域學習週」，學生可以到不同系所修課。這段期間，也開設了許多大師班。

芬蘭秋天的樺樹。

KHS
功学社 音樂中心
為旅行譜寫一首曲吧！
讓每段旅程更加分！
用音符彈出專屬自己的回憶
直立鋼琴
YU131DS
書名｜聽．見芬蘭
作者｜陳澄仙
2013 / 10 / 5 上市
遠流出版公司
歡迎參加11/16(六)14:30功學社音樂中心復興店《聽．見芬蘭》新書分享會，相關活動訊息，請上遠流博識網查詢。
更多活動請上Facebook加入功學社粉絲團
facebook
KHS 功學社樂器
鋼琴課程．記錄旅行回憶的好幫手
KHS圓夢專線：0800-888-986

瑞塔莉莎老師的蘆葦笛製作課（reed-flute making），是最讓我期待的一堂課程。瑞塔莉莎是民謠系的校友，主修民謠笛子，演出以即興演奏為主。記得第一次和她碰面是在民謠系圖書室裡，當時我正陷在文獻迷陣裡，她很熱情地邀請我上她的課。

我記得很清楚，那天她穿著一身帶有自然圖騰的紅毛衣，讓我聯想到芬蘭北邊的薩米人。

十月份的芬蘭氣溫雖尚未突破零度，但亦不遠矣。下午兩點，登記上課的同學已在音樂廳服務台前集合，每個人都穿著毛衣、厚外套，準備應付外面的低溫。瑞塔莉莎老師遠遠地走來，手上提著兩個用樺樹皮編成的籃子，一箱放了她做好的各種笛子成品，另一箱則全是工具。出發前她先解釋了整個流程：這是一堂製作笛子的課，並且，你們得「自己」取材。

湖邊是上課的地點。秋天的芬蘭到處一片金黃，樺樹的白樹幹依舊屹立著，修課一行人浩浩蕩蕩地出發，踏著落葉前進。走到湖邊，映入眼中的是一片已經枯黃的蘆葦，這一大叢蘆葦長得比人還高，仔細瞧瞧，湖水早已乾了，人可以直接「走」進湖裡摘採。蘆葦桿用來做笛子的笛身，瑞塔莉莎在一旁解釋如何選擇適當的蘆葦，為避免失敗，每個人都採了許多。

準備得差不多後，瑞塔莉莎拿出笛子的結構圖，開始在湖邊上起課來。她收藏的笛子有長有短，每枝音色都有些微差異，她同時示範不同笛子的吹奏方式。有些笛子形狀相當特殊，末端是喇叭型，聲音聽起來有點像歌仔戲裡的鴨母笛。笛音在室外

上：採集湖邊的乾蘆葦。

左頁：瑞塔莉莎老師的蘆葦笛製作課，是最讓我期待的一堂課程。

表現出不一樣的空間感，在遼遠的湖波上迴繞著。

瑞塔莉莎打開工具箱，裡頭滿滿都是刀子。她先將比人高的乾蘆葦做了裁切，僅留下適合做笛身的部分。接著最困難、也是最重要的步驟——吹口，它是整隻笛子發音的關鍵點，吹口上劃的唯一一刀，必須控制得宜，大小、深淺適中，笛的內側要留住笛膜，才能透過吹氣震動，發出聲響。

在一根乾蘆葦劃下一刀成為笛

上右：瑞塔莉莎講解笛子的結構。

上左：「吹口」是整隻笛子發音的關鍵點，是最重要的一刀。

下：看起來不精緻的小笛子，卻能發出宏亮的聲響。

子，聽來似乎不難，但四、五個小時下來，最後只有一個人成功。低溫的湖邊，每個人專注在笛子製作，過程中臉、手、身體早已凍僵，鼻水流得一塌糊塗，但做出來的，卻是一枝「無聲」的笛子。劃不準的蘆葦殘枝滿地都是，低溫與挫敗感讓學生有些沮喪。那重要的一刀，是瑞塔莉莎無法立刻傳達的技巧，因為那是數十年的經驗積累。

適應自然，是芬蘭人生活的主調，自然而然地，他們經常向大自然取經。這種精神體現在生活的各個角落，也造就出芬蘭人優雅、純樸的生活態度。

蘆葦笛製作課，帶我們想像了一個舊時的常民生活場景：民謠手聽到蘆葦與風共鳴所產生的聲響，於是設法取得蘆葦，來做成笛子。人民就地取材做的簡單樂器，使他們在物資不豐的年代，仍然有享受音樂、自娛娛人的能力。

看起來不精緻的小笛子，吹奏出來的樂音彷彿緊緊擁抱著自然，這是自己取材做樂器最有意思的地方。

旅途當中的刺激感，來自於不知道自己身處何地，也不知道自己將往哪裡去。散落在群島海的小島，較大的島嶼一個個被現代橋樑、寬敞渡輪連接起來，因為這層便利，小島旅遊是芬蘭人假日與夏季重要的休閒活動。

到波羅的海找唱歌石1：出發

愛娃列娜是音樂教育系的老師，主要教授芬蘭民謠史。一個尋常的週六早晨，愛娃在課堂裡播放著芬蘭過去的民謠紀錄影像，包括廣告、宣傳片，以及她與友人的田野調查。其中一段影像，愛娃與友人穿著厚重外套，蹲在一顆不起眼的大石頭旁，每個人都在敲奏那塊石頭，而石頭經撞擊產生的聲響，咚咚硿硿十分悅耳。

Why not?

這顆石頭位在波羅的海一個名叫 Nötö 的小島上，它藏身在蓊鬱的森林深處，人們稱它為「唱歌石」（singing stone）。

那是愛娃第七次上島找唱歌石，她說不是每次都能順利找到。有時碰到島上天候不佳，森林起霧，容易迷路而錯失石頭的方位。她並不知道石頭的來歷，也不清楚為何它能發出聲音。曾有學者企圖把它運回赫爾辛基，加以「解剖」研究，卻因為路程遙遠、石頭體積太大種種原因被迫放棄。

「我們最終還是希望它能夠留在原地，留在屬於它的地方。」愛娃說。

我們坐在台下聽愛娃講故事。唱歌石的旋律還未停止，空氣裡卻已瀰漫起一股情緒。

「我們可以去找那顆石頭嗎？」西班牙同學舉手問。

「Why not?」愛娃回答。

同學突發奇想的一個提議，老師竟不假思索地答應，冒險就此展開！

愛娃與 Nötö 島上的民宿主人頗為熟識，由她出馬，幫忙壓低團體住宿費用。住宿費加上必要的交通費，加起來正好符合大家的預算。兩個禮拜後，一行人以最克難的方式出海，在茫茫浩洋數萬個島嶼中，找尋那一顆甜美的唱歌石。

上：前往土庫的路上，秋天把芬蘭染成小麥色的世界。
左頁：夜間的第二艘接駁船。

迢迢遠路

市區裡的購物商場 Kampi，除了提供便捷的購物需求外，它還是赫爾辛基重要的交通轉運站，銜接了巴士、地鐵與輕軌等多項交通工具。要到 Nötö 島，必須先搭巴士前往西南邊的土庫市，再從土庫轉乘接駁船。

告別為時不長的夏日風光，十一月的秋天悄悄地敲開門，逕自把芬蘭染成一個小麥色的世界。巴士向前疾駛，眼前飛過無數森林、湖泊與小紅屋。搭巴士一覽城外芬蘭的美好景致，是旅客極好的選擇。

歷經三個多小時的車程，終於在五點多抵達土庫。永夜的暗黑完全驅逐了日光，但這不過是第一站，下車後走到對街，還得搭另一台巴士往土庫最南邊的島嶼。

第二輛巴士上的旅客並不多，芬蘭人不愛交談，車裡除了我們的聲音外，再沒別的了。大家取出乾糧當晚餐，邊看著窗外伸手不見五指的黑，感覺車子行駛在一片無人居住的荒野。整整兩個小時的路程沒有任何燈火，巴士在黑暗裡前進，這種未曾有過的壓迫感，讓人突然明白芬蘭人一提到永夜的闃暗時，那種毫不掩飾的厭惡表情。

群島海

Archipelago 一字是「群島」之意，波羅的海群島是世界第一大的，若把無人居住的礁岩一併算進的話，這個區域粗估可能有五萬個島嶼。這些島在最後一次冰河期後出現，如今已被劃為「群島國家公園」（The Archipelago National Park），每年吸引數萬旅客到此遊憩。

Nötö 屬於群島中面積較大的，出發前愛娃說，島上只住了「九」個居民。

搖搖晃晃不知道過了多久，巴士在顛簸中停了下來。我拉開窗簾，發現外面不再黑暗，突然多了好幾輛同路的小客車和公車，滿是刺眼的燈光，它們也在等待接駁船。

接駁船非常大，用來協助小島之間的車輛接駁。船靠岸後，放下船尾的鐵板讓小客車、公車一輛輛停進去。為了不浪費船上空間，每輛車有條不紊保持在一點五公尺的距離，也因為停了太多車子，嗆鼻的柴油味不斷地竄進公

接駁船上的車輛停放處及餐廳。散落在群島海的小島，靠著渡輪連結交通運輸。

車。

十分鐘後，載著十幾輛車的接駁船，在隆隆聲中重新發動，航行在波羅的海上，開往更接近Nörö的島。

我走下公車，倚著欄杆呼吸新鮮空氣，邊望著黑暗中的滾滾浪濤。「啊，我在波羅的海上！」有種不可置信的感覺。不過，船身因搖晃激起了不少浪花，狂風更教人直打哆嗦，一點都不浪漫。

停在旁邊的車子，不少車頂上都載了小船，有些則是車尾拖曳一個箱子，他們多半是準備到島上度假的芬蘭人。散落在群島海的小島，較大的島嶼一個個被現代橋樑、寬敞渡輪連接起來，因為這層便利，小島旅遊是芬蘭人假日與夏季重要的休閒活動。除了度假旅客外，接駁船上絕大多數是小島居民，由於購物不便，他們三、五天就得到土庫或奧蘭島（Aland island）補足食糧。我們所搭乘的這艘黃色船（lossi），就是政府安排免費接駁島上居民的。

旅途當中的刺激感，來自於不知道自己身處何地，也不知道自己將往哪裡去。巴士再一次發動，緊跟著前車開下船，再次馳騁於森林裡。沒多久，我們又被催促著下車，總算是最後一次轉程了。我們上了船，船上滿滿的人都要前往 Nötö 島。與我們同船的這些人，是準備到 Nötö 參加打獵季的。

船終於在晚間九點多靠岸，民宿夫婦已在岸邊等候許久，準備用常見的裝砂礫的推車幫大夥兒將行李運進屋內。

島上幾乎沒有燈光，大家取出手電筒摸黑前進，行進間可以感覺到 Nötö 島布滿了岩石，到處崎嶇不平。遠遠傳來汪汪聲，一條毛茸茸的大白狗吠著跑來，直搖尾巴，看到這麼多陌生人也不驚慌。愛娃看起來與狗十分熟絡，「Yaffa! Yaffa!」一直大叫狗的名字，她興奮地向我們介紹這條狗，說牠是 Nötö 島的「小島國王」。

唱歌石的原理與日月潭邵族的杵音相同，都是利用敲擊來發出旋律。這樣無雕琢、完全天然的聲響，彷彿有一種療癒效果，讓人回到最原始的狀態。樂音將止那一刻，林中充滿鳥叫聲。原來感動的極致，是令人無語的。

到波羅的海找唱歌石2：森林裡的唱歌石

Nötö 島上沒幾戶人家，暗紅色的小屋依勢而建，港邊停靠了許多私家漁船，一艘天空藍的小艇上還寫了 Nötö 字樣。滿覆青苔的岩石與甲板，一直延伸至島上，獨具情調的木製風車矗立在小丘上，像是隨時歡迎靠岸的接駁船，宣告「Nötö 到了」。

我們住的民宿是芬蘭傳統木屋，屋裡維持一貫的北歐簡約風，細節上卻有許多巧思，好幾個白色窗框上釘了魚圖案的木雕裝飾。這間 Backero 民宿位在接駁船航線上，每年夏天吸引不少旅客的造訪。

一早拉開窗簾，陽光孱弱，走下樓後，大門左側的餐桌上擺滿了燕麥粥、牛奶、柳橙汁、起司塊、番茄切片、火腿、麵包、蘋果肉桂醬……，與一般的歐式早餐沒有兩樣，據說這是島民傳統的早餐樣式。一大早先去桑拿的愛娃早已用餐完畢，與同行夥伴討論路線，民宿女主人忙著招呼我們，此起彼落的刀叉聲開啟了一天。

Nötö 島所在的「群島海」上星羅棋布，最大的奧蘭島位於芬蘭與瑞典之間，它與附近的島組成「自治省」，居民大多操瑞典語，從事捕魚業與魚製品加工業。

民宿女主人十一年前嫁到島上，丈夫是當地船員，擁有五艘船，歷代祖先世居此地。為了添購家用品與食材，女主人經常自個兒開船到其他島上購買。不過，說起赫爾辛基那樣的大都市，她毫不掩飾地說，大都市的環境不比小島，「空氣髒、水質也差」。這句話讓我不解，被森林環繞的芬蘭，大概擁有全世界數一數二好的空氣品質。後來我發現這話背後可能與女主人的認同有關，她認為奧蘭島的政府較理解群島居民的需求，提供更好的福利。

用完早餐，大家好奇牆上的一幅圖，看起來是群島海地圖。女主人說，島上的每戶人家都有一幅這樣的圖，除了地圖功用外，圖上還標明了「船隻航線」及「海水深淺」。

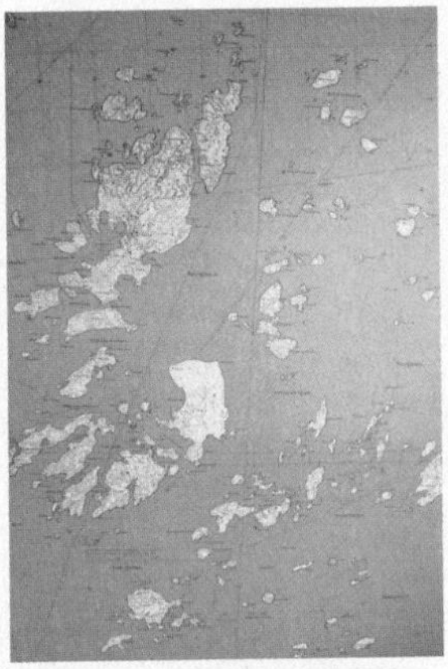

群島海上家家戶戶懸掛的水域圖。

群島海上的地形有深有淺，淺處可能只有幾公尺深，這樣的水道非常不適合大型接駁船行駛，因此駕駛員必須十分小心，得左彎右拐，以確保航行在安全（深）的水道上。這也是為什麼我們得花很多時間才能抵達Nötö。等淺水區的水退了之後，人甚至可以「走」到對面的島上。相反地，嚴冬來臨時，群島海結冰，政府也開放「冰道」讓民眾駕駛車子往返大陸與島嶼之間。

尋找唱歌石

Nötö島南北距離約三點多公里，地勢由南往北緩緩升高。除了港邊的一小塊水泥地外，岩石地形使島上無法鋪柏油路。

「穿戴上你們的紅色或螢光色外套、帽子。」準備出發找唱歌石前，愛娃提醒。正逢打獵季，穿戴紅亮色服裝，是為了保護自己，讓獵人們知道森林裡有人。愛娃一身亮橘色大外套，綁著頭巾，背著背包，戴著防風手套。一行人為了對抗低溫，也裝備起在森林活動必要的防護措施。

十一月的灰濛天氣，使人感到有些沉悶。從小屋出發，村子裡的石頭路延伸至林中，變成落葉小徑。整座森林保留得相當完整，枝繁葉茂遮蔽了天空，大夥兒一邊享受

上：島民的傳統早餐。左頁：林中小屋。

著靜謐，一邊找尋某種會發出清香的植物「海乳草」，無奈它跟我們捉迷藏，沿路上只有雜草、地衣，以及落葉叢中不知名的菇類。

「我們得先找到電塔。」愛娃說。但電塔在哪？除了愛娃，我們不可能有人知道。森林中沒有路標，毫無頭緒之下，大家開始變得神經質，一看到路上的大石頭便立刻飛奔過去，敲敲打打一番，檢查是否發得出聲音。沒想到試了幾顆，竟也有一兩個隱約傳出聲響。

轉了個小彎，愛娃冷靜地說：「找到唱歌石了。」大家有點傻住，因為比原先預期的早了很多。

一小時內，夢寐以求的石頭出現在大家面前，有些不真實。Yaffa 在林中汪汪叫，似乎也知道這顆石頭。唱歌石被群樹包圍，靜靜躺在緩坡上，不仔細看還真不容易發現。

與唱歌石合奏

石頭比想像中大，八個人蹲下正好可以圍起來。石頭上留有許多白色的敲擊痕跡，有些甚至已被敲到凹陷，幾顆小石頭放置在這些白色痕跡上，是用來敲擊用的，想必是前人刻意留下的。小石頭數量不夠，大家只好分頭多找些，伸進石縫、撥開草叢，遍尋一番。沒想到小石頭很難找著，只好把一些比碗公大的石頭也撿回來備用。

蒐集好石塊，大家迫不及待地敲了看看，果然是影片中的聲響！愛娃一邊聽石頭的音，一邊幫岡德雷琴調音，準備等下一起合奏。

愛娃彈岡德雷琴，有時即興，有時彈他父親馬地做的曲子。大夥兒開始敲奏，和著愛娃的琴聲，做節奏上的變化。每個人敲奏力度不同，加上大小石頭各異，每敲一下，都有不同的音色產生。唱歌石的原理與日月潭邵族的杵音相同，都是利用敲擊來發出旋律。這樣無雕琢、完全天然的聲響，彷彿有一種療癒效果，讓人回到最原始的狀態。

琴音未止，森林的極遠處卻傳來令人不安、也是一路上不曾停歇過的聲音，是槍聲。獵人上山了。

「如果不幸中槍的話，島上有醫院嗎？」這個疑問從我的腦中撇過。

但我不敢往下想了，只能再次確認德國朋友借我的紅色帽

大家專注地演奏唱歌石。唱歌石經由敲擊發出旋律，是大自然最原始的樂音。

子還在頭上，繼續和大夥兒若無其事地一起在「死亡線」前演奏。

好不容易來到這裡，我們決意要錄下唱歌石大、小調曲子各一首。小調部分由愛娃即興岡德雷琴，大調則由我負責彈奏，西班牙同學負責掌鏡。那是我接觸岡德雷琴的第二個月，練的技巧與曲子不多，訓練我一定得即興以維持琴聲不中斷。曲子的長度未知，由大家的默契來決定，最重要的是過程中不能說話，把自己完全投入在聲響裡。

反覆即興十多分鐘後，旋律漸弱下來，在我輕撥岡德雷琴最後一個和弦後，大家停了下來。樂音將止那一刻，林中充滿鳥叫聲，沒有人注意到鳥兒什麼時候加入的，牠們就像在回應唱歌石一樣。我想起史詩《卡勒瓦拉》裡關於岡德雷琴具有魔力的那段傳說：「萬奈摩能彈奏岡德雷時，森林裡的動物都聚集過來……」

「你們有聽到嗎？」愛娃小聲地問。我們點點頭，彼此互看，說不出話來。原來感動的極致，是令人無語的。

告別唱歌石前，愛娃從石縫中抽出一個保鮮盒，裡面放了零零雜雜的小物及一本小筆記本。愛娃說，不知從什麼時候開始，拜訪過唱歌石的人都心照不宣在本子裡留下日期與簽名。我看了前一則，日期是二〇〇八年。

我們寫下名字，紀念曾經來過。

群島海最早的船班竟然是凌晨五點四十五分，因為一位小男孩要到奧蘭島上課。為了教育開設一趟船班，為了教育啟動一次旅程，這些為了「成就教育」不假思索的芬蘭人，實在讓人敬佩。

到波羅的海找唱歌石3：古老的島

唱歌石錄音任務完成後，大夥兒繼續往北走。Nötö 島是個不毛之地，岩石地形與嚴峻氣候不利農耕，呈現一片荒蕪。小島南北狹長，我們準備到地勢較高的北面一望波羅的海。一路上沒有半點人煙，石頭路附著了很多青苔，濕濕滑滑的行走不易。Yaffa 挺著鼻子當先鋒，大家安靜地尾隨在後。走到一半，愛娃停了下來，她肅穆地說，左邊是島上的墓地。

巨石古墓

不見十字架，只有突兀的上百顆黑色大石，毫無章法地堆在一起，這是 Nötö 原始的巨石埋葬。因小島孤立海上，酷寒氣候加上醫療設備不足，很多嬰孩在襁褓中夭折，人民則常死於饑饉。人死後，人們集中好遺體，直接將這些大石覆蓋其上，久而久之便出現這種巨石墓地，整座 Nötö 島有六、七個。小島最盛時期有居民兩三百人，但即使現在在小島上生活，沒有接駁船，等於與世隔絕，島上先民的生活困難更可以想像。

帶著翻攪的情緒再往前走一會兒，見到不遠處一棟小屋。屋頂上的雪白十字架，稍微安撫了看完古墓的憂傷。這棟木製的暗紅色小禮拜堂位在面海的小丘上，兩扇白色小窗十分顯眼，石堆砌成的矮牆後方庭院也是墓地。然而，信仰讓靈魂有了歸所。

Nötö 島上的小教堂。

通過水泥砌成的窄門，走進這座三百多年歷史的教堂，內部十分陳舊，室內採光不是很好，靠著天花板上天藍色的漆彩增添了一些亮度。講道台上有許多聖經人物的畫像，屋頂正中央懸掛著一艘帆船，透露了小島的故事。

這艘船上有三面國旗，但不是芬蘭白藍旗，而是瑞典藍黃旗。過去這小島由瑞典統治，如今易主後，新東

家芬蘭沒有強行撤下帆船上的瑞典旗，依然保留下來。這些古物讓小島靜滯在過去中。天花板上有許多星星，彷彿夜間航行時仰頭能見的繁星。教堂裡的這艘帆船，沒有人知道它的過去，但卻依稀感受到島上居民心繫著捕魚的家人，透過信仰祈求的一份平安。

教堂往上走一點，便能登上Nötö島的最高處，繞開樹木遮蔽的區域往遠處看，可見大小不一的綠色小島浮在海上。雖然在赫爾辛基碼頭看的是同一片海，心裡的感覺卻完全不同，視野也更為遼闊。在舒服的微風中俯視著海上群島，這趟「說走就走」行動力十足的旅程，至此更臻圓滿。

獵人大會

下山後，愛娃捎來當地人邀請共進晚餐的訊息。四點多天色已暗，沒有路燈，我們一行人仰賴一支微弱的手電筒

右：教堂內一景。左：天花板上懸掛的帆船。
左頁：伴著後方的群島海，大夥兒在Nötö島北角合影。

光，摸黑到會場。萬聖節雖然過了，入口處仍放了南瓜燈迎賓，橘色的亮光在黑暗中有股溫暖的力量。

餐會地點可能是某個居民慷慨提供的住家，為了餐會，特別安上兩條長桌，桌上擺了杯盤、刀叉、熱湯、起司、麵包、紅酒……。參與宴會的約有二、三十人，包括來島上度假的旅客也都受邀，大家融洽熱絡地交談。體型肥碩的男人舉杯暢飲，他們是今天在森林中「只聞其聲、不知其人」的獵人。玻璃罐中的燭光微微搖曳，能在當地的老房子裡用餐，是旅程中意外的美好。

獵人們一天下來收獲不少，晚上的餐會是為了慶祝他們的成果。用餐前，一位身穿藍衣、有點年紀的女士在台前講了話，內容大概是「歡迎大家到島上」、「盡情用餐」等等，她講的是瑞典語，我們這些從「芬蘭」來的，只能鴨子聽雷般彼此對望。

席間，愛娃做了個提議：我們可以用「音樂」來表示對居民的感謝，何妨在飯後來一段即興表演？

吃完飯，愛娃豪邁地站到椅子上，拿湯匙敲著玻璃杯，叮叮咚咚的吸引注意，講了幾句簡單的瑞典語答謝居民，便開始彈奏岡德雷琴、唱芬蘭民謠，我們站起來力挺。只是唱著唱著，雖然非常起勁，但台下人不知是過於專注還是無法融入，個個表情呆若木雞。可能因為是芬蘭文而得不到共鳴，第一首歌草草結束了。接著是西

班牙同學情侶檔演唱巴斯克民謠，巴斯克語是西班牙北部方言，他們兩個是合唱團團員，富有情思的情歌在深刻詮釋下，獲得滿場熱烈鼓掌。

牆邊有一架古式小風琴，愛娃在琴上發現一本瑞典民謠曲譜集，她緊接著開始演奏，沒想到，兩三位居民竟主動走近，在琴聲的伴奏下邊看歌詞邊唱歌，其中一位就是飯前致詞的女士，唱完後還頻頻向愛娃點頭微笑致意。接著換了首舞曲，幾個粗壯的獵人手挽手在台前跳舞，愛娃隨後被強行拉入，便由西班牙同學接手彈奏。音符打破了人與人之間的隔閡，舞蹈讓人牽起彼此的手。

返回民宿大家也累了，洗完澡在客廳休息。壁爐裡熊熊火焰跳耀，大家披著厚毛毯窩在沙發上喝茶、聊天，享受 Nötö 島上的最後一晚。

插曲

Nötö 返回土庫的接駁船一天只有三班，且需要居民電話告知，否則就直接開往下一個島。愛娃後來決定在島上多留三天，我們在港邊與她道別，約在學校見面。倒是 Nötö 與唱歌石，真的要有機會才能再見了。

右：獵人大會上，西班牙同學演奏小風琴。左：賓客共舞。
左頁：漸漸駛近的接駁船。

回程的船上，許多人站在甲板上欣賞小島景致。我無意間發現甲板的牆上貼了張有點沒頭沒尾、讀起來卻有點感人的文章，便隨手把這段文字抄進日記本裡：

> 一個起霧的早晨，Jaar 搭船離開 Utö 島時，很驚訝地發現最早的船班竟然是凌晨五點四十五分！當時船上根本沒有人，詢問（船長）後得到的答案是，有一個小男孩住在接駁船路線的一個島上，他每天必須很早起床到奧蘭島上課。他深受感動，因而成為他發想作品的靈感，芬蘭的思想家也提供了一些內容。

回台灣一年後，打開塵封的日記，發現這些當時記錄的字句。上網查了一下，意外發現群島海上這個美麗的故事：

> Alfredo Jaar 是智利裔美籍的藝術家，二〇一〇年他來到 Utö 島上做藝術田野調查，坐船途中發現群島的最早船班竟然是為了一位小男孩 Markus 上學而開，小男孩住在波羅的海上，每天得搭四小時的船才有辦法上學。Jaar 深受感動，便寫信給芬蘭的藝術家及作家，包含 Antti Nylén、Akuliina Saarikoski、Esko Valtaoja 及 Kjell Westö 等人，邀請他們合作一個群島藝術創作計畫，製作一系列的廣告板，放置在接駁船路線的每個小島上。他將這個裝置藝術命名為 Dear Markus。

為了教育開設一趟船班，為了教育啟動一次旅程，這些為了「成就教育」不假思索的芬蘭人，實在讓人敬佩。進一步想想，或許這正是芬蘭教育讓人望其項背的關鍵。

芬蘭人習慣「以人」思考，搶在前頭發現需求，然後提供解決之道。可能因為這股熱情，許多看似困難的事情，芬蘭人做起來就是一派輕鬆，他們的動機不可思議地永遠保持在那一句初衷：我們希望學生透過參與樂器製作從無到有的過程，來建立他們對樂器的情感。

做一把自己的樂器

「自己動手做」，是芬蘭教育很重要的一個環節。我在音樂學院的實作課，就是「動手做一把自己的樂器」。過去在台灣，從來不曾想過「自己彈的樂器可以自己做」，畢竟這類課程需要師資、設備、材料等多方條件的配合，但芬蘭人總是可以化想像為可能，用心調度各種條件，實踐想法。

「為什麼演奏者需要學習如何做樂器？」我問老師。

「我們希望，學生透過參與樂器製作從無到有的過程，來建立他們對樂器的情感。」老師直白的回答，出於一個非常單純的想法。

樂器製作課由民謠系開設，屬於期中密集課程之一。由於民謠樂器本身結構較簡單，材料也單純，不需要花費太多的成本和時間就可以完成，才有了這樣的課程設計。

在小學裡做樂器

上課地點位於赫爾辛基北邊的一個小鎮上，搭火車約十五分鐘車程。揮別數月的冰雪嚴寒，三月雪漸漸融了，地上有些濕滑，春意乍到，整個市鎮抹上一層淡淡的欣喜。

一下火車，我捧著地圖一路上半滑半走，小鎮錯綜的小徑增加了找路的難度，也讓連續半小時待在零下七、八度的我完全凍僵。撥了通電話給老師，老師說我已經很接近了，要我往當地小學的方向走，從後門進入就是上課地點。原來，木工教室就在那棟我繞了好久的建築物裡。

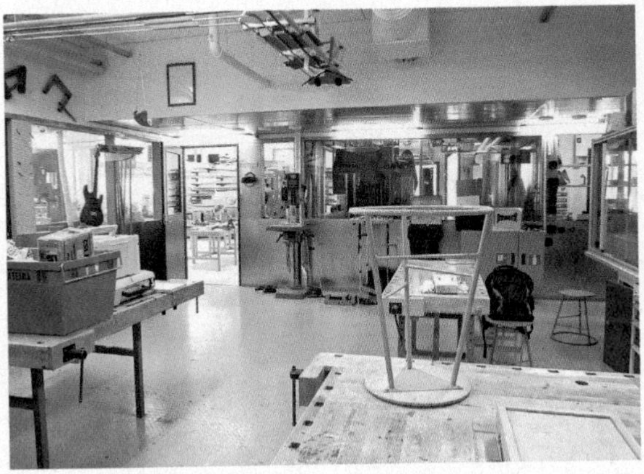
小學裡的木工教室。

音樂學院原本有自己的木工教室，因為某些緣故沒有開放。學校為了讓每年例行的樂器製作課不受影響，特別向國小借了教室（芬蘭的小學都有木工課程），讓課程照常進行。大學生在小學教室裡上課，不時可見小朋友做的一些奇形怪狀的木盒和充滿童真的圖畫，不覺莞爾。

提摩老師的教學包

提摩老師是個滿開朗的芬蘭人，圓滾滾的肚子是他最大的特徵。早上十點的課，提摩和我們一樣，風塵僕僕地從外地趕來，體重一百公斤的他開著一台藍色小房車，每次看到他笑容燦爛地從容下車，總覺得逗趣。

他的後車廂有個塑膠籃子，裡面井然有序地擺滿了教學檔案夾，每一本都相當厚實。這箱教材以往都由老師或男同學搬進教室，一次男同學晚到，我幫忙搬，進教室後手差點沒脫臼，粗估可能有三十公斤吧！提摩說，那些資料是他三十幾年製琴生涯中所整理、累積的重要檔案，裡面包含了芬蘭各種木材的知識與應用，不同樂器的製作方法，以及各種黏著的膠水種類等等。

樂器製作課是我在音樂學院裡唯一「有嚴格規定」的，不是請假、作業的規定，而是「第一堂課一定要出席」。原來這是有原因的，第一

教學包裡初步裁切好的木塊。

堂課是進行機械操作介紹，攸關了製作過程中學生的安全。提摩在課程大綱中也把醜話說在前：「第一堂未到者，無法參與後面的課程。」

「說不定得自己扛電鋸到森林裡鋸木頭。」開課前，我以為會像蘆葦笛製作課一樣自行取材。

沒想到，行政單位早在開課前就將選課名單告知提摩，裡面也包含了學生想要做的樂器清單。提摩事先做了準備，他依據每個樂器的型制，先將所需的木頭裁切成適當大小，這大大小小的木塊集合起來，變成「教學包」，降低樂器製作的門檻。第一堂課，提摩一一把教學包發下去，我望著手上一塊塊已經處理好的木片，隱約可以拼湊出整個樂器的結構了。

木工教室分為兩部分，外側是小型機械區，放了六張工作桌；內部是大型機械區，擺了砂帶機、帶鋸機、鑽床。內外兩側以壓克力板隔著。

提摩一邊介紹每台機械的功能，一邊做示範，他手上的樺木在帶鋸機的轟轟聲中切成兩半。操作方式講到一半，他的口氣突然變得很嚴肅，特別強調，萬一操作過程中真的發現不對勁，必須立刻按下機器上的紅色按鈕，強迫機器停下來。他說，先前有學生操作不慎，磨掉了整個指尖。聽到這裡，我在一旁嘴唇發白。眼前一台台冰冷的機器，讓我對樂器製作的美好想像瞬間幻滅，接著是無止盡的恐懼與茫然。

回赫爾辛基的路上，我的內心十分苦惱，一來懷疑自己的能力，二來是怕手受傷。以前念音樂班時，常有個夢魘，就是害怕手受傷，球類運動幾乎不太碰。說穿了，因為手一旦受傷將會中斷每日的練琴，進而影響到術科進度，如骨牌般壓垮往後的升學考試或比賽。心裡的恐懼往往使人裹足不前，回想那段時光，不禁納悶是否曾因此錯過某些有趣的事？

「我該落跑嗎？」我開始慎重考慮此事。

掙扎了一週，到了上課前一晚，突然有個聲音：「上個月零下二十八度都沒凍死了，為什麼一堂課要怕成這樣？」於是設了八點半的鬧鐘。

妳會滿意的

樂器製作的基本原則是，先將各部分的木頭進行尺寸丈量與細節處理，然後再拼裝起來。在提摩的指示下，我們打開了教學包，先做琴頭和琴尾。每塊木頭都要用鉛筆勾勒外型，必須先觀察木紋走向，畫線條時盡可能與木紋同向。畫多長、角度該是多少，都是提摩給的尺寸，教學多年的他，已經將各種邊邊角角的尺寸記在腦中。每處理好一塊小木頭，提摩就拿工具重新測量厚度、角度，極度講求精準，有微差就立刻修正，往往一個小細節就磨了好久。每當我產生疲倦感時，他總會說：「用心做，最後妳一定會滿意的。」我只能不斷地調整，以達到他的高標準。

這大概是我一生中最 man 的時刻了。

我的夥伴希臘男同學，他過去有一些木工經驗，在老師指點後，就能自行拿木頭開機器切割；而我，每次畫完鉛筆線後，要不看同學的進度到哪，要不就找老師聊天，反正就是逃避操作機器。

提摩彷彿看穿了我的焦慮，他接下我手上的木頭，戴上口罩進到機械室，我尾隨在後。他打開砂帶機示範，再一次提點拿木頭的角度與姿勢，見我似乎比較懂了，就要我接手試試看。我將木頭輕靠在砂帶機上，木屑開始狂瀉，我緊張地屏住呼吸，心裡告訴自己：「專注！專注！」提摩在一旁提醒：「不要急，慢慢磨。」

稍微上手後，心情放鬆了一點，我的目光開始注意飛揚的木屑，忽然一雙結實的大手接下了木頭，原來滾帶快要磨到接近鉛筆線條。提摩示意我退到一旁，立刻接手繼續，直到木頭邊緣準確地與筆痕切齊，全部處理好後，他才請我按下關閉按鈕。

隨著時間流逝，琴頭、琴尾及琴身都已經一一裁好，接下來是第一次的黏合。提摩從他的工具箱裡拿出一條像強力膠的黃色管子，開始介紹這款強力膠水的神奇黏著力。

提摩有一套黏著的SOP（標準作業程序）：先備好兩張衛生紙，一張乾的，一張濕的。點膠水的訣竅是一次不要擠太多，用「小指」將木頭上的膠水平均化開，弄完後，手先用乾紙擦乾淨。接下來，兩片黏好的木頭用U型夾固定，再拿竹籤將邊緣擠壓出來的膠處理乾淨，將多餘的膠刮在濕紙上。每一個細節，提摩都仔細盯著，沒有做好，不會進行到下一步。

由於上課時間在假日，教室附近沒有什麼商店，又是連上七小時的課，我們只能自行準備簡便的午餐在教室享用。提摩老師總是看著我們吃，說他的食物已經長在肚子肉上了，然後拉了椅子在一旁嗑開心果。

上：琴體完成後，還需上油晾乾。
左頁右：與提摩、剛誕生的新樂器合影。
左頁左：我完成三個樂器：笛、薩滿古樂器、五弦岡德雷琴。

擺脫連月大雪，三月的天空是無垠的碧藍。提摩有時唸唸有詞，抱怨在這樣晴朗的週末怎麼會有人關在教室裡做樂器之類的話，但是，當我們花了數週完成樂器後，提摩卻比任何人還興奮。

整個琴體完成後，還需要上油及為時一週的晾乾期。真正完成的那天，提摩拿出鋼弦幫我綁到琴上，調好五條弦的音準。我接下剛完成的琴，試

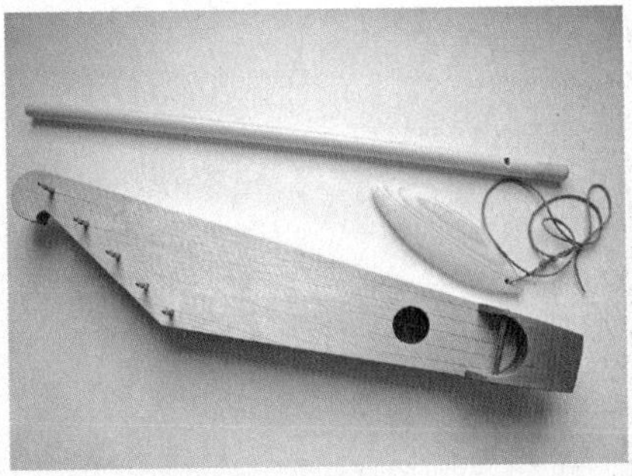

著彈一首曲子，聽著旋律輕盈地流洩出來，內心前所未有的激動。

我在琴體裡面寫上自己和提摩的名字，標上日期、地點。

「對作品滿意嗎？」提摩問我。

「非常滿意」我回答。

在三十幾年經驗製琴師的專業指導下，經過三十幾個小時的琢磨，我完成了自己的岡德雷琴。當然，全程免費。樂器製作課從木頭的認識到每個部分的實際操作，讓原本只專注在演奏的我，有了了解樂器製作的機會。

芬蘭人習慣「以人」思考，搶在前頭發現問題、發現需求，然後提供解決之道。可能因為這股熱情，許多看似困難的事情，芬蘭人做起來就是一派輕鬆，他們的動機不可思議地永遠保持在那一句初衷：「我們希望，學生透過參與樂器製作從無到有的過程，來建立他們對樂器的情感。」

結束學業離開芬蘭時，不可否認，這把琴是我帶走的最好的紀念與回憶。

我們在一種悠閒的度假感中，完成大師班課程。
耶爾文珮藝術小鎮，每年都吸引不少音樂家、音樂系學生參與活動，
用文化打造出來的特色小鎮，展現了芬蘭人的軟實力，
對於小鎮本身與音樂家的自我實現，都是彼此互惠。

音樂木屋大師班

三天兩夜的民謠大師班，是學校特意安排給音樂教育系的課程，為了讓這些學生更深入了解自己的民謠音樂，將來可納入教學之中。

大師班的上課地點 Kallio-Kuninkala，是西貝流士音樂學院遠離塵囂的教學區，位在赫爾辛基一個小時車程可達的耶爾文珮（Järvenpää）鎮上。這一區的房子都是小巧的木造建築，所以我稱它為「音樂木屋」。

我們抵達時，一位朋友看著指標說：「這裡有湖耶！」其他人驚呼：「在哪？怎麼沒看到？」放眼望去那片遼闊的雪白，竟是一片凍湖。

民謠大師班的上課地點，藏身在白雪紛飛的森林湖畔，讓人有度假的感覺。

沿著小路步行，家家戶戶的屋頂早已被厚雪覆蓋，鵝黃色、暗紅色、淺綠色等顏色各異的小屋，在無邊無際的雪白中，起了點綴的效果。

經過森林，終於來到了音樂小屋。這裡的木屋除了造型可愛，每棟屬性也不太一樣。

白雪掩映下的音樂木屋，著實可愛。

位於小丘最高點的淺綠色小屋是餐廳，每次民謠系同學一提起它，眼睛就變得閃亮，說那裡的餐點是「全芬蘭最棒的」。沿著小丘階梯往下走，位在正中間的紅色棟是主要上課地點，二樓是木板教室，適合跳舞、團練等大型課程。而位在湖區附近、地勢最低的幾幢，全都是宿舍。

舞蹈、歌唱與合奏

第一堂是民俗舞蹈課。

肢體，可以為表演藝術帶來更多可能性。許多芬蘭民謠是用來幫民俗舞蹈伴奏的，在節奏上二者密不可分，彼此不能從一方抽離，也因此，學民謠的人一定也得熟悉民俗舞蹈的結構。

芬蘭民俗舞蹈是「共舞」的形式，男女分成兩列，男生外圈、女生內圈，一開始跟著音樂的節拍行進，四拍之後，外圈男生摟住內圈女生的腰，內圈女生搭上外圈男生的肩，兩人旋轉共舞，四拍之後兩人分開，回到原本各自的軌道繼續行進繞圈。

就這樣一直循環，直到整首歌結束。

參與大師班的學生約有四十多人，大家換上簡便的衣褲，由老師先示範基本腳步，接著大家圍成一大圈開始練習。行進的步法較為簡單，困難的是共舞的部分，萬一男女身高有差距，矮小女生配高壯男生，女生旋轉時像在圓周上被拋出去，在特快的舞曲中，轉圈次數變多，也容易暈眩。

接下來，是唱芬蘭民謠。

芬蘭文歌詞除了打舌之外，發音不是非常難，難的是如何把複雜的歌詞「記」起來。老師發了只有「歌詞」的講義下來，她唱一句，我們跟著唱一句，藉此訓練音感。緊接著，所有人被分成兩隊，每一隊人必須像原住民舞蹈一樣交錯搭起手，兩隊分別由兩個老師帶頭，一隊領唱，一隊和唱，腳踏歌曲節奏橫著蛇行，彎曲的隊伍有時交錯，有時分開。

邊唱邊走結束後，更困難的來了。老師解釋了一次歌詞內容讓國際學生知道，隨即又分了一次組，要我們在沒有道具與戲服的狀態下，盡可能地用肢體與歌聲「演」出歌詞內容。突然的音樂狀況劇，真讓人措手不及啊！

最後的民謠大合奏，是由芬蘭民謠團體 Frigg 的提琴手擔任老師。民謠合奏的訓練，不是為了要達到管弦樂團的和聲效果，而是希望每個學生嘗試用不同的樂器合奏。

芬蘭的冬日風光，美得讓人屏息。

於是，很多人索性不拿自己的主修樂器，有人彈斑鳩琴，有人吹直笛、口風琴……。

民謠大樂團的音響，完全不同於我過去所聽的管弦樂團或國樂團。前兩者的作品多由作曲家在音樂理論架構下完成，由精緻的織度與旋律構成；而芬蘭民謠樂團則是所有樂器齊奏同一個民謠，有時由中、低音樂器彈奏單音，增加一點厚度。用西洋音樂的標準來看，民謠樂團必定顯得單調，但它的美學在於：不同樂器玩出來的音色，在民謠旋律的反覆中，有一股源源不絕即興出來的音樂能量，非常有感染力！

三天兩夜的訓練課程結束，在歌、舞、樂上，大家都有所累積。在老師的想法中，音樂是需要與人分享的，所以這三天來的學習成果，將重新安排成一套完整的曲目，計畫於「卡勒瓦拉日」在音樂中心的露台區表演。雖然當天下暴風雪，還是引來不少芬蘭民眾，在舞曲演奏時還上台與學生共舞。

藝術家聚落

學校各個科系每年都開設不少大師班，費用完全由學校負擔。上完課，我問芬蘭同學，如此有趣的課程為什麼不在市區辦就好，而要花錢坐車到這麼遠的地方上課？他告訴我，Kallio-Kuninkala 這個湖區富有歷史意義，過去這裡住了很多藝術家，很多音樂節也在這邊舉行。

原來，做為音樂小屋的這些房子，原先都屬於芬蘭人卡爾・阿爾弗・帕洛海默（Karl Afred Paloheimo）私人所有，他在十九和二十世紀之交買下。卡爾・阿爾弗是非常富有的企業家，擁有自己的鋸木廠，同時也是芬蘭民族運動的領導人物。他清楚了解，創造力可以用來建立國民的認同感，實現民族獨立的目標，所以一直夢想建立一個「藝術家聚落」。最後，他在耶爾文珮的 Tuusulanjärvi 湖畔實現了這個理想。

二十世紀初，西貝流士為了專心作曲而離開市區搬到小鎮，其他藝術家包括小說家約翰尼・阿霍（Juhani Aho）、畫家培卡・哈洛能（Pekka Halonen）及艾洛・耶內費洛特（Eero Järnefelt）也都住在附近，卡爾・阿爾弗的其中三個兒子後來娶了這些藝術家的女兒為妻。

卡爾・阿爾弗的兒子悠立歐（Yrjö Paloheimo）在赫爾辛基大學完成農業碩士後，在一九二〇年代前往美國學習哲學與宗教，在那裡，他得到了一個重要啟發——「保持多元的觀點」。後來他雖獲得美國公民身分並成為駐美國芬蘭領事館的外交官，但他依然致力於提高芬蘭的能見度。他與太太雷諾拉（Leonora）經常在暑假回芬蘭度假，兩人都沉醉在文化事務上，對家鄉有強烈的使命感。

上：音樂木屋內部，有一九一八字樣的圖騰。
左頁：以維護、珍惜藝術創意打造的藝術家聚落。

夫妻倆後來成立了以自己名字命名的基金會「Leonora &Yrjö Paloheimo」。一九七五年，悠立歐把父親的這些舊房子捐給基金會做為資產；一九八六年，完成房子的裝修工作後，就做為西貝流士音樂學院住宿、練習、錄音及音樂會的場地。這些大師班課程，就是由耶爾文珮鎮、西貝流士音樂學院及基金會三方協議下所提供的資源。悠立歐最後達成了父親與自己對文化奉獻的理想，來維護、珍惜藝術的創意。

兩次參與 Kallio-Kuninkala 大師班的經驗，讓我感觸良多，校方安排的住宿、餐點十分舒適細緻，照顧學生更無微不至，是在一種悠閒的度假感中完成課程。

Kallio-Kuninkala 除了做為西貝流士音樂學院的校區，目前也是當地音樂節的搖籃。它所舉辦的室內音樂節定位在較冷門作品與新作的演出，每年都有一位芬蘭作曲家的作品在這平台發表。除此之外，每年的音樂節都設有一個主題，比如二〇一二年是以「丹麥音樂」為主軸。

耶爾文珮藝術小鎮，每年都吸引不少音樂家、音樂系學生參與活動。用文化打造出來的特色小鎮，展現了芬蘭人的軟實力，對於小鎮本身與音樂家的自我實現，都是彼此互惠。

用「音樂」學習當地人的生活，是如此奧妙深刻。
竹籤撥出來的岡德雷琴聲非常清脆，
如同這個小鎮出現的極光，在黑夜中擺動、跳躍。
我好像從音樂中找到與芬蘭的默契，也真的走進了芬蘭音樂裡。

極光小鎮的岡德雷琴博物館

於韋斯屈萊（Jyväskylä）是芬蘭第七大城，位於赫爾辛基北邊三百公里遠的湖區。對這名字我特別有印象，因為它好幾次被標註在朋友的相簿裡，張張都是輕飄飄的綠色、如夢境般的絲綢光影。

「極光」，北歐的代名詞，如夢似幻的靈動。每次見朋友到於韋斯屈萊追極光，好是羨慕，但是我唯一一次到這裡，卻是為了另一個目的——拜訪世界唯一的岡德雷琴博物館。

迦里的俄國音樂

迦里（Kari Dahlblomin）是少數持有博物館鑰匙的人，這間博物館很特別的一點是，平時不開放參觀，想參觀的人必須自行打電話聯絡鑰匙保管者。會認識迦里，是音樂學院請他來開大師班，課後他遞上名片及傳單，歡迎大家去參觀博物館。

「搭火車到於韋斯屈萊車站後，打電話請迦里來接。」同學不約而同告訴我，這是去博物館的唯一方法。

寫了封信給迦里相約拜訪的時間，雖然極光季節已過，在信中我仍不死心地問了迦里這個道地的芬蘭中部人，是否還有機會看到極光？沒想到，他過了快一個禮拜才回我信，原來他帶著合唱團，到極圈裡的羅凡涅米（Ravaniemi）小鎮表演了好幾天。他在信中說，很歡迎我去參觀，請我再告訴他火車抵達的時間。然後整封信幾乎都在描述他在羅凡涅米所見的美麗極光與感動，針對我問的於韋斯屈萊極光，他只草草地說，晚上他睡了，因此從沒注意到。

牆上的老照片，訴說著博物館的建築演變。

凌晨六點多從赫爾辛基出發，搭了三小時的火車抵達後，我有些擔心，怕迦里忘了今天的約會。十點半準時電話響起，一見是他的號碼，我才鬆了一口氣。打開車門，輕巧的彈撥樂器聲流洩出來，聽起來不太像是我所知道的芬蘭樂器。

「這是俄國的傳統樂器，一種三角形的琴。」迦里說。一路上，這別緻的小旋律不絕於耳，我看了看前座的抽屜，果然放了不少俄國音樂的唱片。

我常常觀察芬蘭人對於俄國人的態度，畢竟那段被侵略的歲月，苦痛雖然過去，心酸血淚卻一直留在老一輩的芬蘭人心中。芬蘭對於俄國的情感相當複雜，有些芬蘭人一提到俄國人還會吐舌，露出難以解讀的表情。

看到迦里點著頭聆聽音樂的神情，引起我的好奇。除了西南邊的海岸住著約百分之七母語是瑞典語的芬蘭人之外，芬蘭各地也散布著這些人，而迦里正屬於這群少數之一。他從小講瑞典語，第二語言是俄語，第三語言才是芬蘭語，而一路上我們用英語交談。迦里的祖父從事芬、俄邊境的翻譯工作，而三十多年前迦里也曾到俄國留學，這些淵源，促使他跟俄國有很深的情誼。

農人的岡德雷琴

二十多分鐘的車程，穿越了森林和大大小小的湖泊，終於抵達郊區一個更小的小村莊。迦里將車子停妥在一幢紅色小屋前，岡德雷琴博物館就在這小屋裡。小屋有兩層樓，一樓是供婚宴使用的聚會場所，剛好有一對即將結婚的新人在勘查場地，二

樓才是岡德雷琴博物館。

「猜猜為什麼需要兩堵牆?」一走進門,迦里就這麼問。這棟建築過去是當地的糧倉,已有一百多年歷史,過去的芬蘭也經歷過一段窮困的歲月,這裡地處偏遠,招來小偷經常性的光顧,在牆上「挖洞」企圖伸手偷走糧食。兩道牆的設計,實則是為了防竊。

上到二樓,才真的令人眼睛一亮!不算大的空間裡,牆上掛滿了各種岡德雷琴,中間的透明展示櫃則陳列了較大型的琴。

琴的來源主要有三,西貝流士音樂學院、岡德雷琴音樂協會及迦里個人收藏。迦里目前已退休,但仍在西貝流士音樂學院念博士班,是芬蘭重要的岡德雷琴研究者之一。一提到這些收藏,他神采奕奕地笑笑說,花三天三夜他也講不完。

「這裡的樂器有一半是我的,協會提供空間讓我放這些樂

岡德雷琴博物館。

器，還請我保管鑰匙，何樂而不為呢？」迦里笑著說，邊拿起他與孫子用竹籤做的手掌般大小的岡德雷琴讓我欣賞。

牆上的岡德雷琴有新有舊，特別用玻璃展示櫃保護的大多表面有些殘破。迦里細數這些琴的歷史，它們來自不同國家，愛沙尼亞、拉脫維亞、立陶宛及俄國，隨著年代推進，體積、弦數開始有了變化，而這些琴則依不同的國家集中放置。

介紹到芬蘭一區，眼前幾把是迦里大師班教授的「彈撥式岡德雷琴」，又稱「農人的岡德雷琴」（talonpoikaiskantele）。「這是芬蘭中部獨有的，也是我自己最喜歡的琴。」在大師班時聽他說過，這天他又強調了一次。

這種琴與其他琴最大的不同點在於彈奏方式，岡德雷琴多用手指彈奏（古箏需要在指腹戴義甲），而這種岡德雷琴是左手按和弦，右手拿「竹籤」撥弦，製造出輕快的旋律。迦里是這類琴的專家。

右：芬蘭中部特有的彈撥式岡德雷琴。左：與小鎮居民一起玩音樂。
左頁：迦里示範彈奏半音岡德雷琴。

一會兒，兩位女士走了進來，一位阿姨，一位奶奶，她們都是鎮上的居民。彼此打完招呼後，她們走到放有四把琴的桌前坐下來練習。迦里說，他與兩位女士每週固定幾天會一起彈琴。

我興起想要和他們一起彈琴的念頭，掏出大師班拿到的竹籤，坐到迦里旁邊，奶奶把她的譜轉到我面前，邊聽著和弦試著跟上去。迦里領著，反覆了幾次原曲，我急著跟上和弦，他開始變奏、即興。與芬蘭人一起「玩音樂」的瞬間，腦海中突然浮現兩年前寫論文跑田野的日子。當時我在幾個廟宇做調查，晚飯後，拎著樂器袋，隨叔叔、阿姨在村子的廟宇二樓玩北管……，就是這個熟悉的感覺。

用「音樂」學習當地人的生活，是如此奧妙深刻。竹籤撥出來的岡德雷琴聲非常清脆，如同這個小鎮出現的極光，在黑夜中擺動、跳躍。我好像從音樂中找到與芬蘭的默契，也真的走進了芬蘭音樂裡。

一天結束，迦里驅車帶我返回於韋斯屈萊鎮上搭火車，順便繞了小鎮一圈。原來於韋斯屈萊是一個以「體育活動」揚名國際的小鎮，他介紹了小鎮歷史、人口等等，邊聽著這些的同時，窗外是無盡的森林與澄澈的藍天。

我捧著迦里與他太太錄製的兩塊唱片，耳邊猶有琴聲餘韻。還沒離開就開始想念，這句話霎時了然於心。

當芬蘭品牌在全球擁有傲人成績時，
赫爾辛基的這間小酒館裡面，仍交織著啤酒、傳統舞蹈及民謠。
我常常納悶，芬蘭人是有意識地堅持走自己的路？
還是說，堅持自己的文化價值對他們而言如同呼吸般自然？

藏在酒館裡的音樂會

「海邊的卡夫卡」是台北一間我曾去過的咖啡店，在暈黃燈光下，一個人啜飲著咖啡，另一旁的獨立樂手輕擁著木吉他，輕喃的歌聲點綴著停滯的時間，如同一幅畫般靜置在我的腦中。藏在台北巷弄中的酒館和咖啡店，無疑是許多樂手淬鍊出自我風格與展現才華的平台，也是台灣獨立音樂的搖籃。到芬蘭之後，我也和朋友體驗了當地的酒館文化，果然有出乎意料的驚喜。

害羞、啤酒、芬蘭人

害羞這個詞，在台灣多半是形容一個人的個性，很難想像它是一個群體的特質，而芬蘭人就是一個如此害羞的民族。走在赫爾辛基街頭，面對一個亞洲女孩的微笑，他們可以完全面無表情；即使在校園裡跟芬蘭同學打招呼，他們會東看西看眨眨眼，顯得有些不知所措，不曉得該以何種表情做為回應。

這樣的民族卻在黃湯下肚後，完全變了個人。芬蘭人愛喝啤酒有目共睹，在超市裡，啤酒的選擇總是比蔬菜水果來得多；特別是一到假日，很多芬蘭人的「休閒娛樂」，是搭著渡輪往波羅的海的另一側——愛沙尼亞——添購一箱箱的廉價啤酒。連國中、高中年紀的年輕人，也常見他們人手一瓶啤酒。

酒後的芬蘭人擺脫沉默，開始滔滔不絕地講出自己的心裡話。這樣的悶騷特質，讓他們自己也承認，酒精使他們更容易「表達」自己。

車上宿醉的芬蘭人。

晚間約十一點以後，赫爾辛基市區四處散落著一個個空啤酒罐，垃圾桶上、椅子上、角落裡都是。不像其他歐美國家，住在昂貴的赫爾辛基，如果不懂芬蘭語或瑞典語，幾乎無法有打工機會；窮學生、新移民、老伯伯等卻可搭著酒

精文化的順風車，有了更多的收入。在當地，啤酒瓶、寶特瓶有退瓶費，一個〇．一五歐元到〇．四歐元不等，芬蘭人愛喝酒且有多喝多丟的習慣，讓撿拾空瓶的人幾乎滿載而歸。據說連沒有零用錢買玩具的芬蘭小朋友，也會靠著收集空瓶到超市換取退瓶費，而順利買到心愛的滑板或玩偶。

一週裡，禮拜五晚上是芬蘭人最重要的休閒時刻，不像台灣的朝九晚五，芬蘭人上班時間較為彈性，只要上滿八小時即可下班。有些人禮拜五這天會早早上班，下午兩、三點的辦公室，已開始瀰漫著等待下班歡聚的氣氛。

不論季節，週末到酒館小酌一杯，是典型的芬蘭生活。酒館是市民們下班之後的好去處，更沒想到，配酒菜竟是即興開演的「音樂會」。

隨機湊在一起的演出

小酒館「黑門」（black door）位在赫爾辛基市中心，

右頁：假日後的街道，布滿了空酒瓶。
上：黑門小酒館。

在老式裝潢、原木傢俱的空間裡，有多種當地啤酒和蘋果酒可供選擇。

受同學之邀，我第一次進酒館聽這種小音樂會，民謠系同學固定在這裡當樂手表演民謠。這樣的小音樂會被稱為jam，是由一群素昧平生的人湊在一起玩音樂。

jam分為兩部分，首先是民謠系學生半小時左右的純演奏。酒吧裡沒有所謂的舞台，表演者不過就是站在酒桌前的小空間，對著正在喝酒聊天的聽眾演奏起來，曲目有芬蘭民謠及快節奏舞曲。第一次感受到北歐民謠的力量，就是在酒館裡聽到了瑞典尼可巴哈提琴與芬蘭提琴的搭配。這兩種中音域樂器表現出來的厚實音色，隨著樂手手握琴弓、腳蹬節拍的力度，將舞曲的生命力表現得淋漓盡致，令人印象深刻。

晚上的演出曲目多由樂手自己創作或改編，也經常有些特殊的樂器配置及實驗性作品。有一次，我聽到低音大提琴與小號的搭配，這是聽覺記憶裡未曾有過的新體驗，相當有啟發性。

為什麼我們經常受限於框架中？傳統不過是昨日的創新，今天的創新是明天的傳統。維持血脈固然重要，但年輕一輩的芬蘭民謠樂手在意的是新民謠的誕生，不管主修樂器是什麼，每個人非常在意「創作」這件事。

第一段jam結束，樂手並未將樂器收進琴袋，而是準備下一階段的配置。一旁的聽眾很多是酒吧的熟客，知道晚上有jam，所以有備而來，大家拿出不同樂器，有小提琴、岡德雷琴、手風琴、木笛等等，連口簧琴都出現了！大夥兒把椅子圍成一個圈，提琴手開始演奏旋律，曲子可能是大家耳熟能詳的，也可能是帶領者的私房曲目，但不管如何，每個人只能靠自己的耳朵，在一遍又一遍的循環中找到旋律的走向，適時加入自己的演奏。

jam的舞曲越演越起勁，樂手接著演奏一首首波卡舞曲、波絲卡舞曲，坐在一旁微醺的芬蘭

酒館裡的演出，讓我第一次感受到北歐民謠的創新生命力。

人話匣子大開，縱情地放聲聊天。不一會兒，吧台前的桌子被移開，男女一組，手勾手繞圈圈，跳起芬蘭民俗舞蹈，從晚上八點一直玩到深夜。

酒館是芬蘭人喝酒、交際的場所，即使外頭大雪紛飛，酒館裡卻暖得不得了。獨樂樂不如眾樂樂，這種人與人之間熱絡的溫度，是芬蘭人玩音樂的方式。

回到庶民位置

小酒館裡的民謠樂手，白天在學院接受專業訓練，晚間則回到了本我的角色。jam是民謠系學生發表實驗性作品的平台，讓學生某種程度「學以致用」，也讓民謠音樂從專業的學院訓練重新回到原始的庶民位置。

當芬蘭品牌在全球擁有傲人成績時，赫爾辛基的這間小酒館裡面，仍交織著啤酒、傳統舞蹈及民謠。我常常納悶，芬蘭人是有意識地堅持走自己的路？還是說，堅持自己的文化價值對他們而言如同呼吸般自然？參加過幾次jam之後，我想應該二者都有。

小國自信的建立，在於他們享受、認同自己土地上的傳統，也一直保留這些傳統，然後以新的方式、新的樣貌存在於今日的生活中。

令人驚喜的是，原來芬蘭人愛音樂的心是如此炙熱。

想見識安靜的芬蘭人「燃燒」起來的樣子，有幾個重要時機：酒酣耳熱之際、慶祝五一狂歡節，或是當他們「演奏時」。無論是搖滾還是民謠，芬蘭人用音樂，在生命不同象限中刻畫自己的生活經驗，展現芬蘭社會一直以來奉行的「多元發展」價值——越不同，越平等。

小國大音樂：搖滾vs民謠

十九世紀末，西貝流士的交響詩《芬蘭頌》讓世界聽見了芬蘭。進入二十世紀後，芬蘭於古典音樂的發展更為蓬勃，這個五百萬人口的小國目前至少有三十個管弦樂團，其中不少具世界級水準。另一份由芬蘭作曲家協會提出的名單，有高達一百四十三位被認為是「具影響力的作曲家」。

台灣樂評人焦元溥曾說過：「二十世紀後半，北歐的音樂家人才輩出，尤其是芬蘭，更培養了許多優秀的指揮家，活躍於國際古典樂壇。芬蘭的音樂成就，並非僅是演奏技術的精進，而是厚實的閱讀力與思考力帶動了音樂家更深層的詮釋。」

芬蘭在古典音樂領域的成績讓人驚歎，其他類型的音樂也在這片鼓勵創意的沃土中滋養出來。不同的音樂團體如繁花盛開，有其獨特的「格調」。「創造力」讓這個長達六個月冰封在白雪的國家，彷彿一直處在春天的生機盎然。

搖滾重金屬

赫爾辛基日報（Helsinki Sanomat）是芬蘭最大的報業，它的辦公大樓毗鄰中央車站，半透明與低調

赫爾辛基日報大樓裡的「年度經典頭版照片展」。

的建築外觀展現強烈現代感。日報大樓的前後出入口，正好連結中央車站與音樂中心，在寒冬中對通勤學生而言，就像是荒漠中的甘泉，而那一條溫暖的長廊，不定期會舉辦各種平面展覽。

其中一場「年度經典頭版照片展」，是由赫爾辛基日報選出「最能代表」該年度的新聞頭版照片，做為展出。在三百六十五天的照片裡要選出一張最具代表性的，可見若非是國際大事，就是對芬蘭有重要意義的新聞。這些獲選的照片，有政治人物、電影人物……，每張皆標示了年份。而二〇〇六年被選出的照片，是一個樂團——芬蘭重金屬樂團 Lordi。

這個被稱為「妖怪樂團」的 Lordi，二〇〇六年代表芬蘭在「歐洲視野」歌唱比賽中奪得冠軍。Lordi 以重金屬搖滾，重新塑造人們對芬蘭音樂的想像。照片中的主唱披頭散髮拿著啤酒對天嘶吼，鷹爪般的指甲使人震懾，髮尾末梢、面具邊緣還留有傾盆啤酒水珠，獲獎的狂喜讓他像是要從照片中爆衝出來。

《搖滾哈雷路亞》（Hard Rock Hallelujah）這首歌為芬蘭贏得大獎，芬蘭終於在四十多年的挫敗中勝出。這首歌的音樂影像，有些畫面是在極圈小鎮羅凡涅米拍攝的，在快速的鏡頭引領之下，可以俯視壯闊的極地地形。妖怪在荒原上奔跑，荒山、冰谷、裸石在白雪靄靄中顯得蒼涼。轟地一聲，從地心而來的爆破，將堅硬的雪塊震碎在半空中，疾馳的妖怪縱身一躍變為一匹狼，揚長而去……。在音樂與視覺雙

重搭配下，劃破了以往芬蘭給人的寧靜印象，揮灑出另一種壯闊有力的風格。

芬蘭人表面雖然寧靜，但那一股叛逆，卻在心底深處暗潮洶湧。

所謂的「芬蘭之聲」到底是什麼？這是芬蘭音樂人一直思考的問題。芬蘭人陰鬱的暗流特質，或許是癡迷搖滾樂的原因，重金屬搖滾受到社會不同階層的人的喜愛，芬蘭搖滾也在樂壇中建立了自己的地位。除了得獎的Lordi之外，其他的重金屬搖滾樂團HIM、美聲搖滾樂團Nightwish等，在流行音樂排行榜也有傲人的成績，並擁有全世界的樂迷。

赫爾辛基音樂中心除了五個正式音樂廳之外，在建築物的不同角落，隨時是音樂會的表演「現場」，例如學生餐廳（除了學生之外，平日也開放給一般市民進入用餐）。這

右：二〇〇六年頭版代表：妖怪樂團Lordi。
中：音樂中心裡的搖滾音樂會。
左：芬蘭阿卡貝拉（A cappella）人聲樂團的演出。

個屬於大眾的用餐空間，在晚間搖身一變成為音樂會空間，提供了爵士、搖滾、民謠演出及新作發表的機會。雖然座位不多，但不時可見滿滿的訂位。在這裡聽音樂會，還可以到吧台點一杯紅酒，讓夜晚充滿享受與放鬆。

右：芬蘭阿卡貝拉樂團海報。左頁：可愛的奶奶們在民謠嘉年華中邊唱邊跳。

民謠音樂節

每年一月初，一艘名為Finlandia的郵輪從赫爾辛基出發，航行至附近國家，展開一段為期三天的民謠之旅。三天的旅程中，民謠音樂與民俗舞蹈樂聲不斷，吉他、提琴、低音提琴、小風琴、手風琴、口琴、曼陀鈴等不同樂器組成的小樂團，徹夜瘋狂演奏。許多民謠音樂家、芬蘭人和國際旅客對這趟海上的音樂破冰之旅十分癡狂，每年的船票差不多於啟航一年前就已售罄。

同樣地，每年七、八月，幾個擁有悠久民謠傳統的小鎮，也紛紛舉辦音樂節，像是「考斯提能音樂節」（Kaustinen Folk Music Festival）、「哈帕非西音樂節」（Haapavesi Folk Music Festival）與「奇浩斯音樂節」（Kihaus Folk Music Festival）。

「考斯提能音樂節」是芬蘭歷史最悠久的民謠音樂節，始於一九六八年，也被民謠復興推動者視為重要里程碑之一。第一屆舉辦時，原本預計只有六千個民眾參加，沒想到後來竟來了超過三倍的人。至今這個節日仍每年舉辦，除了從芬蘭與全世界各地來的音樂家約三千人外，每年參與的人數將近十

萬。

赫爾辛基音樂中心也曾舉辦過一次類似的民謠音樂節。除了專業的學生團表演，各地的民謠樂團也受邀參與演出。這些民謠樂團來自芬蘭鄉村地區，團員有年輕人，也有很多上了年紀的老爺爺、老奶奶。

音樂節的表演節目分為兩種：純器樂和歌曲演唱。器樂表演的部分，有提琴、手風琴與吉他等組合，大家穿著一致的服裝，白上衣、黑褲搭配小背心，坐著一起演奏民謠曲調。這種流傳已久的演奏風格稱為「帕里曼尼」（Palimanni）。

接著上場的老奶奶們穿了吊帶長裙加圍裙的傳統服飾，在手風琴彈完前奏後便開始演唱，一連唱了好幾首，最後圍成一圈跳舞。電視台派人做現場實況轉播，當記者採訪演出者時，穿著傳統服飾的她們表現出對芬蘭文化的驕傲，

上：穿著芬蘭傳統服飾的老奶奶們，自信地樂在音樂中。
左頁：民謠嘉年華「帕里曼尼」演奏。

在鏡頭前毫不羞澀，展現自信。

芬蘭的音樂活動十分蓬勃，除了西洋音樂外，不同的音樂類型總是在這個社會有一個自己的位置。無論是搖滾還是民謠，芬蘭人用音樂，在生命不同象限中刻畫自己的生活經驗，展現芬蘭社會一直以來奉行的「多元發展」價值——越不同，越平等。

平時，芬蘭人多處在「冷靜冥想」中，但在某些特別的時刻，他們卻展現出全然迥異的性格，這讓我想起一個待過芬蘭的朋友說的一句話：「芬蘭人的內心是極端的。」

想見識安靜的芬蘭人「燃燒」起來的樣子，有幾個重要時機：酒酣耳熱之際、慶祝五一狂歡節，或是當他們「演奏時」。

附錄

芬蘭與台灣音樂教育的差別

回國後，很多人問我，芬蘭的音樂教育與台灣有什麼差別？我總是開玩笑說：最大的差別，在於「在芬蘭，教育是免費的」。這當然不是最正確的答案，但不可否認，台、芬音樂教育的差異，可能也是在這個前提與框架之下，展現了不同的思維與價值。芬蘭社會瀰漫著一股多元的氣息，沒有人拿一把尺去丈量另一個人的能力，每個人都會找到自己的位置。無怪乎，獨一無二的事物在芬蘭俯拾即是。

我不敢說自己看到了芬蘭教育的全貌，民謠音樂系畢竟也只是偌大的西貝流士音樂學院其中的一個小系所。但從傳統音樂的角度，的確看到台、芬在音樂人才的訓練上，有很多不同之處。這些細節代表了東、西文化的差異，無論「我」代表的「亞洲學生」特質，抑或是芬蘭音樂教育帶來的衝擊，芬蘭老師教我、我在芬蘭受教育，都是讓兩個文化看到在世界另一端不一樣的思考。也或許，兩端都從中看到自己文化中所缺乏的。

學生來源

西貝流士音樂學院的學生以芬蘭學生為最大宗，國際學生到此念學位的也不少，以歐洲居多，亞、非學生就非常少。在歐洲，非常流行「交換學生」計畫，一方面受到 Erasmus 獎學金的支持，每年都有六十位來自不同國家的國際學生到芬蘭進行交流學習，學校也提供許多英文課程滿足學生的需求。交換學生計畫，無論對學生或學校本身，都有正面的影響，包括文化、學習與生活上的交流，都讓對方產生更多的創意與思考。
台灣的交換學生制度也越來越成熟，但音樂系部分，人數仍然不多。

閱讀風氣

不管任何時間進到圖書館，總發現有許多學生在閱讀，芬蘭人的讀書風氣真的比台灣踴躍太多。在圖書館裡，音樂系的學生彼此捧著書討論樂譜、論文，那種對知識的熱情，從他們發光的眼神就可以看得出來。真正的學習，來自主動、興趣與好奇，跟考試、交報告絕對無關。

畢業演奏會

在芬蘭念書，學習是持續不斷的。一直以來，芬蘭也存在一個問題：很多學生花很多時間念一個學位，「畢業」對他們而言不是deadline。芬蘭的碩士畢業生需要開三場音樂會，包含一場傳統曲目，一場自己創作，一場則是即興音樂會，這三場音樂會的分量不輕，再加上芬蘭人步調慢、辦事態度實事求是，可能也是學生遲遲不畢業的另一個原因。

在台灣，傳統音樂系學生的畢業門檻，在演奏專業部分，需要開一場為時一小時的音樂會，曲目內容由老師與學生協調討論，大部分以傳統曲子為主。

課程訓練

芬蘭民謠系的老師多是創系之初畢業的學生，教學方式與芬蘭民謠復興運動有很大的關連，當時的老師習慣與學生一起討論，如何演奏這些被記錄下來的譜，研究並推敲該怎

麼去演奏……，當這些學生後來成為老師，就沿用當初的學習方式。民謠學習的另一個觀念是：Study by ear，演奏你所聽到的，再做即興變化。在這個基礎下，近年來芬蘭也走出一條「新民謠」之路，包含許多令人耳目一新的創作。

台灣傳統音樂的訓練，多來自老藝師的口傳心授與工尺譜，從曲目的唱唸、鼓介中去傳承一個地方派別，維持一個傳統的樣貌。

在文化碰撞的觀察中，台灣的傳統音樂想像的是一個「過去」，南、北管音樂強調一脈相傳，完整保留一個風格派別的傳統；而芬蘭民謠音樂想像的是一個「未來」，開放的教育理念鼓勵創造，演奏者同時也是創作者，綻放出芬蘭民謠百花齊放的面貌。

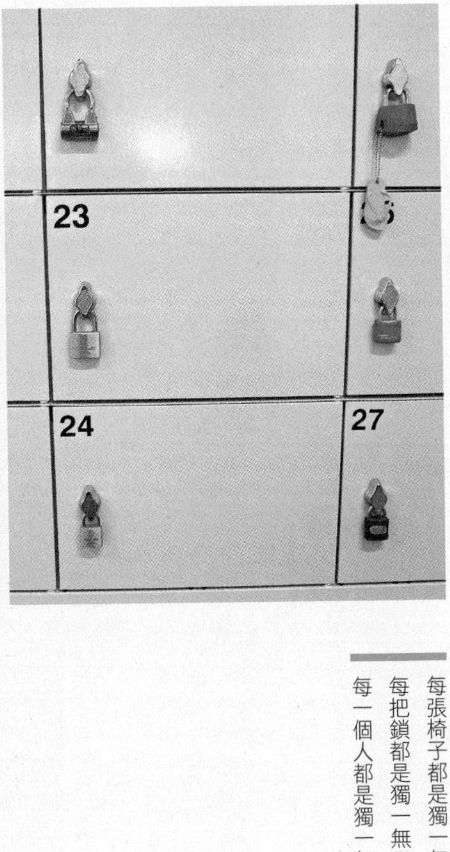

每張椅子都是獨一無二的。
每把鎖都是獨一無二的。
每一個人都是獨一無二的。

芬蘭，一個勇於想像的國家。並且，芬蘭人用「嚴肅」的態度執行那些「瘋狂」的點子。

國家圖書館出版品預行編目資料

聽・見芬蘭——音樂、教育、設計、生活的交換旅程／陳澄仙作 .-- 初版 .-- 臺北市：遠流 , 2013.10
面； 公分 .--（綠蠹魚叢書；YLK61）
ISBN 978-957-32-7285-4（平裝）
1. 遊記 2. 芬蘭
747.69 102018557

綠蠹魚叢書 YLK61

聽・見芬蘭

音樂、教育、設計、生活的交換旅程

作者：陳澄仙
圖片提供：陳澄仙
出版四部總編輯暨總監：曾文娟
資深主編：鄭祥琳
企劃：王紀友
行政編輯：江雯婷
美術設計：雅堂設計工作室

發行人：王榮文
出版發行：遠流出版事業股份有限公司
地址：臺北市南昌路二段 81 號 6 樓
電話：（02）2392-6899 傳真：（02）2392-6658
郵撥：0189456-1

著作權顧問：蕭雄淋律師
法律顧問：董安丹律師
2013 年 10 月 5 日 初版一刷
行政院新聞局局版臺業字第 1295 號
定價：新台幣 340 元（缺頁或破損的書・請寄回更換）

ISBN 978-957-32-7285-4

YLib 遠流博識網
http://www.ylib.com E-mail: ylib@ylib.com

本書獲 NCAF 國｜藝｜會 贊助出版